뇌과학자와 함께하는 십대-부모 소통 프로젝트

엄마랑은 왜 말이 안 통할까?

엄마랑은 왜 말이 안 통할까?

초판 1쇄 펴냄 2022년 1월 17일
　　　7쇄 펴냄 2024년 12월 6일

지은이 딘 버넷
옮긴이 김인경

펴낸이 고영은 박미숙
펴낸곳 뜨인돌출판(주) | 출판등록 1994.10.11.(제406-251002011000185호)
주소 10881 경기도 파주시 회동길 337-9
홈페이지 www.ddstone.com | 블로그 blog.naver.com/ddstone1994
페이스북 www.facebook.com/ddstone1994 | 인스타그램 @ddstone_books
대표전화 02-337-5252 | 팩스 031-947-5868

ISBN 978-89-5807-881-4 03190

뇌과학자와 함께하는 십대-부모 소통 프로젝트

엄마랑은 왜 말이 안 통할까?

딘 버넷 지음 | 김인경 옮김

경고!

뜨인돌

차례

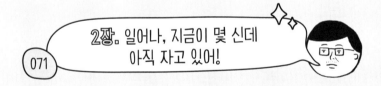

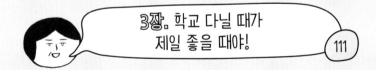

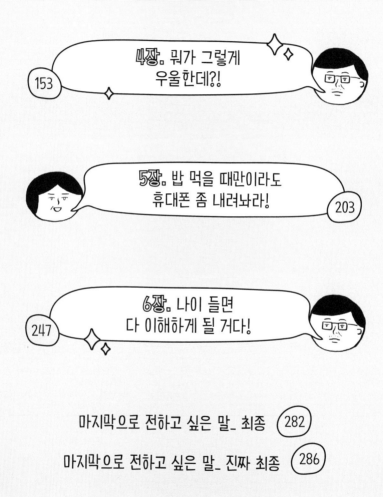

부모님이
계시니?

그렇다면
이 책을
✷꼭✷
읽도록!

너 혹시 인간 부모님에게서 전통적인 방식(자세히 말하지는 않을게)으로 태어난 21세기 인간이야? 네 부모님은 세상에서 가장 짜증 나는 사람들이고?

그렇다면, 이 책을 읽어야 해.

최근 들어 사사건건 부모님과 부딪친다고? 그것 때문에 스트레스 받아서 미칠 것 같다고?

단언컨대 이 책을 읽으면, 아 참, 내 소개부터 해야겠다.

안녕, 난 딘이야. 이 책은 내 책이지.☆ 아래 각주를 보면 이해가 될 거야. 귀찮아하지 말고 한 번만 봐 줘. 후회하지 않을 거야.☆☆

나는 박사야. '모르는 것이 없는 척척박사'라는 뜻의 박사가 아니라 신경과학을 공부한 박사라는 뜻이야. 그러니까 나는 박사 학위가 있어. 어떤 학문을 아주 오랫동안 공부하고 나면 받을 수 있는 증명서 같은 거지. 내가 공부한 신경과학 분야는 뇌와 신경계를 연구하는 학문이야. 간단히 말하면 나는 뇌 박사인 셈이야.☆☆☆

☆ 뭐, 이젠 네 책이지. 하지만 내가 썼으니 내 책이기도 해.

☆☆ 각주에서 중요한 얘기를 하게 될지도 모르니까.

☆☆☆ 인간의 뇌는 아주 복잡해. 우주 최고라고 할 수 있어. 뇌 박사가 박사 중 최고인지 아닌지는 내가 결정할 일은 아닌 듯해.

나는 인간의 뇌에 관해 공부를 많이 했어. 그러다 보니 지식이 너무 많아지더라고. 그래서 책을 몇 권 썼지. 물론 이 책은 내가 전에 쓴 책들과는 달라. 이 책이 다른 책들보다 특별한 건 어른들을 위한 책이 아니기 때문이야.

바로 십대인 '너'를 위한 책이지.

이 책을 읽는 너는

아마도 청소년기를 지나는 사람일 거야. 청소년기는 인간 발달의 '중간' 단계로 어린이와 어른 사이의 시기를 말해. 사춘기라고도 하지. 사춘기라는 단어를 혐오하는 사람도 있다는 거 알아. 그래서 난 앞으로 사춘기의 사 자도 꺼내지 않을 예정이야. 이 단계는 세대가 거듭될수록 점점 빨리 시작되는 추세야. 지금은 11살이나 12살 정도에 시작돼. 믿어도 좋아. 난 뇌 박사잖아.

이 책은 11살에서 17살까지의 청소년들에게 초점을 맞추고 있어. 물론 누구나 이 책을 읽을 수 있어. 하지만 이 나이 대에 속한다면, 특별히 더 환영해!

부모 vs 십대

이 책이 특별한 이유가 하나 더 있는데, 십대와 부모의 관계를 다루기 때문이야.

사실 주제만으로는 특별할 게 없어. 너도 알겠지만 십대와 부모의 관계를 말하는 책, 기사, 참고문헌, 소책자, 웹사이트는 단어 하나하나까지 죄다 부모를 대상으로 하고 있어. 그런 책들은 부모들이 어디로 튈지 모르는 자녀를 어떻게 다뤄야 할지 설명하는 데 집중해.

하지만 이 책은 달라. 이 책은 십대인 너를 위해 썼어. 까다롭고 말이 안 통하는 부모님을 어떻게 대해야 할지 하나부터 열까지 최선을 다해 설명해 줄게.

이것부터 인정해야겠다. 부모님을 대하는 일은 꽤 힘들어. 많은 부모님들은 시간을 보내는 것부터 어떤 친구를 사귀고 그 친구들과 어떻게 지내는지까지 네 일거수일투족을 감시하고 지적해. 대부분 맞는 말이고. 그런데 이상하게 기분이 나쁘지.

부모님은 네 기분을 전혀 배려하지 않고 무조건 나무라기도 해! 그러고는 네 기분과 표정을 가지고 온갖 잔소리를 늘어놓지!

어렸을 때보다 부모님의 말에 반감이 드는 일이 잦고 원망도 커지고 있다는 사실을 너도 눈치챘을 거야. 수년 동안 부모님의 말을 믿고 따랐는데 갑자기 어딘가 어긋나기 시작한 기분이 들겠지.

그런 너에게 필요한 건, 지금 무슨 일이 벌어지고 있는지 이해하도록 도와주는 친절한 설명서야.☆

 ☆ 바로 이 책이 그런 역할을 할 거야! 일단 읽어 보고 판단해 줘.

아무도 잘못하지 않았어.

제일 먼저 너에게 해 주고 싶은 말은, 부모님과 네가 겪는 갈등은 누구의 잘못 때문에 생긴 게 아니라는 거야. 십대와 어른이 서로 충돌하는 건 피할 수 없는 현실이야. 2천5백 년 전에 살았던 고대 그리스 철학자 소크라테스의 글에도 "요즘 애들은"이란 말이 나와.

소크라테스는 이렇게 말했지.

> "요즘 애들은 사치스럽습니다.
> 버릇이 없고, 권위를 무시하고,
> 어른들을 존경하지 않고,
> 행동하기보다 말하기를 좋아합니다."

어딘가 익숙하게 들리지 않니? 이 말만 덧붙이면 말이야.

"너무 많은 시간을
스마트폰과 컴퓨터에게 바칩니다."

수천 년 전부터 십대들은 부모와 충돌하고 다퉜어. 여기서 진짜 궁금한 건 이거야.

왜 어른들은 묻지도 따지지도 않고 모든 걸 아이들 탓으로 돌리는 거지?

나이 든 딘이 기억하는 어린 시절의 딘

나는 그 부분 때문에 오랫동안 괴로웠어. 지구상의 다른 어른들처럼 나도 한때는 십대였거든. 혼란과 무질서, 스트레스로 정신없는 십대 시절을 보내는 동안 몸과 뇌에도 변화가 생겼어. 어른들의 말과 행동이 늘 요상하게 느껴졌지. 그 시절 나는 일관성도 없고 부당하기만 한 말만 잔뜩 들었던 기억이 나.

가끔 부모님이나 선생님이나 다른 어른에게 혼란스럽고 힘들다고 털어놓기도 했어. 그랬더니 무슨 말을 들은 줄 알아?

"너도 나이 들면 다 이해하게 될 거다."

그런데 이것 봐. 나는 지금 꽤 나이가 들었고, 그동안 엄청나게 많은 글을 읽었어. 하지만 아직도 이해가 안 돼!

십대들은
"왜 대답을 안 하니?"
"자기밖에 모르지" 같은 말을 듣다가
또 어느 날은
"세상 물정 몰라서 저러지"
"소설 쓰냐?" 같은 소리를 들어.
이게 대체 무슨 말이야?
해석 좀 해 줘.

이상한 건 그것만이 아니야. 네가 부모님보다 최신 기술에 관해 더 잘 아는데, 그 기술을 어떻게 사용할지 규칙을 정하는 사람은 부모님이라고? 부모님이 신문에서 읽은 내용만을 근거로? 그건 너보다 나이도 훨씬 많고 새로운 기술을 제대로 이해했는지 확실하지도 않은 어떤 비전문가의 의견일 뿐이야.

나는 학생이었던 시절에 믿을 수 없을 정도로 열심히 공부했어. 하고 싶은 일을 하려면 시험 점수를 잘 받아야 한다고 부모님과 선생님과 세상 사람들이 계속 말하니까 그렇게 해야 할 것 같지. 그렇게 시험을 치른 뒤 결과가 발표됐어. 난 다행히 좋은 성적을 받았어. 근데 그날 내가 TV에서 뭘 봤는지 알아? 뉴스에 전문가들이 나와서 한다는 말이 이랬어.

시험이 너무 쉬웠어요!

그러면서 시험을 망쳤다면 운이 지지리 없는 거고, 시험 성적이 잘 나왔어도 좋아할 것 없다나! 맙소사. 그걸 말이라고 하다니.

딘은 이제 머리가 벗겨지고 한 덩치 하는 40대의 딘 박사가 되었어. 하지만 불평 불만은 여전해. 어린 시절의 자아가 내 몸속 어딘가에 숨어서 모든 일이 부당하다고 화를 내고 있거든.

다행히 직업 덕에 나는 뇌가 어떻게 작동하는지 배우면서 십대와 부모가 왜, 어떻게 부딪치고 갈등을 일으키는지 이해하게 되었어. 나만 알고 있기엔 너무 아깝더라고. 내가 알게 된 것들을 너와 나누고 싶어.

놀랄 준비들 하시라
따란! 답은 바로
'뇌'에 있어

우리에게 일어나는 많은 일들은 뇌가 열심히 일한 결과야. 너의 뇌는 부모님의 뇌와 매우 다른 방식으로 작동해. 생각도 다르고, 사물을 인식하는 방식도 다르고, 반응도 제각각인데다 우선순위를 매기는 방식도 다르지. 그러니 매번 의견이 다른 건 놀랄 일이 아니야. 완전한 의견 일치는 불가능하지.

이런 차이는 다양한 방식으로 드러나면서 갖가지 논쟁을 일으켜. 나는 가장 잘 알려지고 끈질기게 벌어지는 몇 가지 논쟁을 중심으로 이야기할 거야. 너는 왜 네가 하고 싶은 대로 하고, 부모님은 왜 그분들이 원하는 대로 하고, 대체 왜 같은 문제가 계속 발생하는지, 무엇보다 그런 갈등을 해결하려면 뭘 어떻게 해야 하는지 팁을 얻을 수 있으면 좋겠어.

너의 뇌는 계속 성장하고 있고 복잡하고 급속한 변화를 겪고 있어. 그건 여러모로 좋은 의미이기는 하지만 혼란과 스트레스, 불안이라는 위험에 취약하다는 뜻이기도 해.

청소년기를 잘 보내기 위해서는
부모님과의 관계가 정말 중요해.
그러니 마냥
피하기만 해서는 안 돼.

사실 부모님과의 갈등을 피하는 일은 불가능해. 인생의 필수 옵션 이라고나 할까. 다만 부모님이 왜 그렇게 생각하고 행동하는지, 너의 생각이나 행동과는 왜 그렇게 다른지 알고 나면 갈등의 원인을 조금 이나마 이해할 수 있어. 가뜩이나 스트레스 받을 일이 많은데 쓸데없 는 갈등과 다툼은 피하는 편이 낫잖아.

부모님은 네가 자신들이 한 말을 이해하지 못한다고 느낄 때가 많 아. 그래서 네가 부모님의 말을 인정하고 받아들이겠다고 말만 해도 뛸 듯이 기뻐해. 그분들은 네가 태어났을 때 뭘 해야 할지 제대로 알지 못 한 채 닥치는 대로 무엇이든 해 왔어. 지금도 열심히 책을 읽고 친구들 에게 상담도 받으면서 부모 역할을 제대로 해내려고 애쓰는 중이야. 아 마도 대부분은 그런 과정을 거치면서 점점 나아지고 있다고 느끼겠지.

갈등의 원인을 이해하려는 노력만으로도 모두의 삶이 조금은 편해 질 거야. 어쨌든 상처는 주고받지 않는 편이 좋잖아.

그래, 엄밀히 따지면 이런 일들이 네 책임은 아니야. 그렇다고 어 른들이 알아서 하도록 둔 채 나 몰라라 해서도 안 돼. 관심을 갖고 함 께 해결해야 해. 지금부터 시작해 보자.

시작하기
전에

이야기를 본격적으로 시작하기 전에 몇 가지 중요한 것들을 짚어 볼까 해.☆

나는 너나 네 부모님이나 너의 주변 관계를 전혀 몰라. 그런 상황에서 책을 쓰다 보니 어쩔 수 없이 일반화했어. 이해해 줘.

나는 '부모님' '엄마' '아빠' 같은 표현을 써서 네가 좀 더 잘 이해하고자 하는 어른들의 이야기를 할 거야.

물론, 가족의 형태는 매우 다양해. 입양되어서 양부모님과 살거나, 부모님 중 한 분만 계시거나, 할머니 할아버지와 살거나, 형제자매와 사는 경우도 있을 거야. 나는 그저 시간을 절약하려고 '부모님' 혹은 '엄마' '아빠'라는 말을 사용할 뿐이야. '보호자' 같은 말은 쓰지 않으려고. 뭔가 자연스럽지 않잖아.

또, 네가 부모님과 평범하거나 일반적인 관계를 맺고 있다고 가정했어. 너와 부모님은 서로를 아끼고, 네 마음속에는 부모님이 매우 큰 비중을 차지해. 최근 들어 사사건건 부딪치는 일이 잦아져서 넌 부쩍 예민해지기 시작했고.

십대들이 부모와 관계를 맺는 방식은 사람마다 다 달라. 안타깝게도 매우 무례한 방식을 쓰는 경우도 많지. 부모 자녀간의 관계가 폭력적이고, 해롭고, 적의가 가득한 경우는 꽤나 흔해. 하지만 이 책에서

☆ 서론이 너무 길어서 미안해. 나도 나이가 드나 봐. 말수를 줄이도록 노력해 볼게. 이런 말도 줄이라고??

내가 다룰 수 있는 내용은 아니야. (그럴 자격도 없고.) 만약 조금이라도 이런 관계가 의심된다면 상의할 사람을 반드시 찾아봐야 해.

　마지막으로, 이 책을 읽으면서 이런 생각이 들지도 몰라. 나는 부모님이랑 말도 잘 통하고 아무 문제 없는데! 그렇다면 정말 다행이야. 십대라고 모두 부모님과 갈등을 겪는 건 아니거든. 당연히 갈등을 경험하지 않는 십대도 있어.

사람은 다 달라.
그리고 이 세상에 존재하는 어떤 책도 모든 사람에게 똑같이 적용될 수는 없어.

　어떤 부분이 너에게 적용되지 않는다고 해서 이 책의 내용이 전부 그럴 거라고 생각하지는 말아 줘. 몇 년 뒤에 갑자기 의미 있게 다가올지도 모르잖아.

　부모님과 네 머릿속에서 무슨 일이 벌어지는지 설명해 줄 만한 자료들은 무궁무진해. 이 책이 그 일부를 담고 있지. 이 책을 읽고 적용하다 보면 내가 말한 문제들에 어느 정도 지혜롭게 대처할 수 있을 거야.

1장

너는 집이 무슨 호텔인 줄 알지!

이상한 점

부모님은 아주 작은 일을 확대 해석하면서
십대의 생각과 감정을 무시한다.

소통하는 만화

샤워를
해 본 적 있니?

그럴 거라고 믿을게.☆

그럼, 샤워를 하고 나서 젖은 수건을 바닥에 던져 둔 적은? 침대나 의자 위 수건이 있어서는 안 될 곳에 수건을 던져 둔 적은?

그런 적이 있다면, 난 다 이해해. 샤워를 마치고 옷을 걸치지 않은 상태에서는 몸이 축축하고 으슬으슬 추우니까. 그런 느낌을 좋아하는 사람은 없지. 어서 다음 단계로 가려는 마음에 수건 따위를 신경 쓸 겨를이 없을 거야. 잠깐 놓아둔다는 게 그만 영원히 잊어버린 거고. 그럴 수 있어. 다들 그래.

그런데 부모님은 아무 데나 널브러진 수건을 보고 너와는 다른 반응을 보이지? 너에게 고함을 친 적도 있을 것 같은데? 그것도 여러 번?

☆ 우린 아직 그런 이야기를 솔직하게 할 사이는 아니지.

왜 그런 일이 벌어질까? 부모님의 '이성적 대응' 시스템에 문제라도 생긴 걸까? 너의 사소하고 악의 없는 실수를 마치 세상을 끝장낼 재앙인 양 반응하는 건 바로 그 시스템에 문제가 생겼기 때문인 걸까?

문제는 수건에만 있지 않아. 구석에 처박혀 있는 양말, 음식이 남은 그릇이나 음료가 담긴 컵, 과자 봉지…. 이런 현장을 자주 목격하다 보니 부모님이 고함을 치는 거야. 사실 금방 해결 가능한 일들이지. 중요하게 느껴지지 않는 일이기도 하고. 일부러 부모님의 화를 돋우려고 그런 게 아니잖아.

물론 변명을 할라치면 부모님은 더 화를 내면서 더 큰 소리로 고함을 치겠지.

이건 너무하잖아. 너도 지지 않고 부모님에게 화를 내. 그렇게 또 한바탕 전쟁이 시작돼. 부모님은 너 같은 애는 살다살다 처음 본다고 말하고, 너는 다른 애들이 훨씬 심하다고 받아쳐.☆ 그러면 부모님은 네가 변덕이 죽 끓듯 하고 고마워할 줄도 모르고 게으르다고 몰아세워. 그렇게 상황은 점점 나빠져.

이런 식의 갈등은 매우 흔해. 한 마디로 요약하면 모두 '의견 차이' 때문이야. 집안일(빨래, 청소, 설거지 등등)에 관한 한, 십대들은 대부분

☆ 이를테면, 내 친구의 방은 방바닥이 제대로 보이지 않을 정도로 더러운데 걔네 엄마는 그 얘기를 꺼내지도 않는다는 식이지!

일이 너무 많다고 느끼는 반면 부모들은 자녀가 일을 별로 하지 않는 다고 생각해.

부모님은 아이를 야단치면서 "집이 호텔인 줄 안다"고 잔소리를 해. 아이들이 청소며 뒤치다꺼리를 호텔 직원이 해 주듯 누군가 해 주 겠거니 기대하니까.

이런 기본적인
의견 차이는
집안일에서
끝나지 않아.

의견 차이는
모든 일에서 생겨

네가 좋아하는 음악이나 방송 프로그램을 부모님이 쓰레기 같다며 비하한다고? 네가 진짜 가지고 싶은 걸 두고 돈 낭비라고 해? 진짜 중요한 문제를 털어놓거나, 누군가 때문에 화가 나서 부모님에게 말했더니 그냥 어깨만 으쓱했다고? 심지어 (비)웃기까지 했다고? 뭐지? 소시오패스인가? 네 관점에서 바라보거나 네 감정을 이해하는 일이 부모님에게 그렇게 어려운 이유가 대체 뭘까? 네가 어렵게 말하는 것도 아닌데 말이야.

예를 들어 보자. 많은 십대들이 유명 유튜버를 꿈꿔. 너도 그중 한 명일지 모르겠다. 하지만 부모님은 그런 꿈을 비웃거나 노골적으로 무시하면서 '제대로 된' 직업을 갖는 것이 중요하다고 하지. 제대로 된 직업이라는 게 뭔지는 모르겠지만 말이야.

구글 검색만 잠깐 해 봐도 성공한 유튜버들이 엄청난 수익을 거둬들인다는 사실을 알 수 있어! 그런데 왜 '제대로 된' 직업이 아니라는 거야?

너희 부모님은 단순히 돈이 문제가 아니라고 말할지도 몰라. 그러면서 사람이라면 뭔가 가치 있고 유용한 일을 해야 한다고 하겠지. 장담컨대 네가 프로 축구선수가 되거나 유명한 가수가 되면 부모님은 매우 기뻐할 거야. 생계를 위해 공으로 게임을 하거나 듣기 좋은 소리를 내는 일이 대체 어떤 점에서 '유용'하거나 '가치 있는' 일이라는 걸까? 물론, 축구선수나 가수 덕분에 사람들은 행복을 느껴. 그럼 왜 경기장이나 무대에서 행복을 주는 일만 의미 있고 유튜브는 아니라는 거지? 내 생각에 부모님이 유튜브를 보고 자라지 않았기 때문일 가능성이 커.

그렇다면 왜 부모님이 자라던 시기의 일은 '제대로' 된 것이고 중요한데, 네가 자라는 시기의 일은 그렇지 않다는 걸까?

논리적으로 말이 되지 않는다는 생각이 든다면 네가 맞아. 그건 말도 안 돼. 이런 일들을 보면 부모님을 이해시키는 건 세상에서 가장 어려운 일이야.

부모님은 대체 왜 너처럼 세상을 보지 않을까?

사실, 이건 정확히 '뇌의 차이' 때문이야.

뇌에 일어나는 갑작스럽고 극단적인 변화는 생각과 행동에 영향을 미치고 부모와 십대 사이의 관계까지 바꾸어 놔.

그런데 변화가 일어나고 있는 건 부모님의 뇌가 아니야. 바로 너의 뇌지.

그럼 이제 어떻게 해야 하냐고?

뇌가 작동하는 방식

부모님과 너 사이에서 일어나는 수많은 갈등의 원인은 뇌가 학습하고 기억하는 방식에 있어. 무언가를 새로 학습하거나 정보를 받아들이면 뇌에 새로운 연결 지점이 생겨. 즉, 뉴런이라고 알려진 세포 두 개가 연결되는 거야. 뉴런이라는 말 들어 봤지? 뉴런은 그 역할에 따라 감각뉴런, 연합뉴런, 운동뉴런으로 나눌 수 있어.

인간의 뇌에는 얼마나 많은 뉴런이 있을까? 약 1천억 개야!✵ 뉴런은 뇌가 수십억 가지의 기능과 행동과 정보를 처리할 수 있게 해. 뇌가 그토록 복잡하고 출중한 능력을 지닌 이유지.

뇌에는 다른 종류의 세포도 있지만 뇌세포라고 하면 대개 뉴런을 의미해. 뉴런은 다른 뉴런들과 이어져서 뇌 이곳저곳으로 신호를 전

✵ 그거 알아? 만약에 사람의 뇌를 구성하는 세포를 몽땅 꺼내서 늘어놓으면 아마 그 사람은 죽을 거야. 그리고 너는 감옥에 가겠지. 그러니까 절대 그러지 마.

달해. 뇌는 그런 식으로 작동하면서 온갖 일들을 해내지.

뉴런은 수시로 가지를 뻗어서 다른 뉴런에 연결해. 시냅스라고 불리는 이런 연결은 대부분 뇌 안에서 정보 한 조각을 담당하지. 종이 위의 글자나 화면 위의 픽셀처럼 말이야.

실제 작동 방식은 이보다 좀 더 복잡해. 중요한 사실은 새로운 정보를 학습할 때마다 뇌 속의 뉴런들 사이에 새로운 연결이 만들어진다는 점이야. 이렇게 보면 뉴런의 영어 스펠링은 neuron이지만 newlearn(새롭게 배우다)라고도 할 수 있을 것 같아.

태어나서 처음 몇 해 동안, 특히 태어난 순간부터 2살까지 대부분 비어 있던 뇌는 놀라운 속도로 많은 양의 정보를 빨아들이면서 엄청나게 많은 연결고리들을 만들어.

새로운 연결이
매 초 백만 개가량
만들어진다고
추정하는 사람들도
있다니까!

즉, 너의 젊은 뇌에는 엄청난 양의 연결고리가 계속 생겨나. 그러니 어떻게어? 계속 새로운 정보를 받아들이고 새로운 사람이 되는 거야. 뭐가 어떻게 작동할지 전혀 모르는 상태이기 때문에, 네가 접하는 모든 정보는 쓸모가 있어. 또 지극히 중요할 테고.

그런데
이 지점에서
문제가 발생해.

"저장 용량이 가득 찼습니다."

최신 스마트폰이 생겼다고 상상해 봐. 너는 평소에 받고 싶었던 앱을 모조리 다운받았어. 새 스마트폰이니까!

처음엔 괜찮겠지. 그런데 다운받은 앱 때문에 스마트폰의 성능이 떨어지기 시작할 거야. 저장 용량이 꽉 차면 처리 속도가 느려지니까. 캘린더 하나를 열려고 몇 분을 기다려야 할지도 몰라.

그럴 때는 사용하지 않거나 마음에 들지 않는 앱을 지워야 해. 십대 시절 너의 뇌도 똑같은 일을 겪어. 인간의 뇌는 매우 크고 해야 할 일이 많은 기관이야. 십대의 뇌는 더 할 일이 많지. 뇌에는 신체에 공급되는 에너지 중 30퍼센트 정도가 필요해. 그러니 이유도 없이 공간을 차지하는 것들을 그냥 놔둘 필요가 없지.

그래서 십대의 뇌는 대청소를 해. 앱이 아니라 어린 시절의 오래된 기억을 정리하지.

넌 이제 어린아이가 아니니까 나이를 먹고 성숙해 가는 너의 뇌는 독립적인 성인으로 살 준비를 해. 어린 시절 모아 둔 것들을 앞으로 쓸 일이 얼마나 되겠니? 누가 네 친구인가? 필요하겠지. 어떤 음식을 먹으면 속이 메스꺼운가? 꼭 있어야 해. 걷는 법, 읽는 법, 세는 법, 이런 것들도 잘 둬야 해.

그러면 비 오는 토요일에 차를 타고 마트에 갔던 기억은? 아니면 두어 번 본 만화에 나왔던 곰 인형의 이름은? 이런 정보는 더는 쓸모없어. 그래서 뇌는 그냥… 삭제해 버려.

뇌 속의 연결이 많다고 기능이 더 탁월한 건 아니야.

그래서 청소년기를 지나는 동안, 뇌의 핵심 프로세스가 제 역할을 하면서 불필요한 연결을 삭제하는 거야.

그 결과, 십대의 뇌 속 시냅스는 다섯 살 때보다 훨씬 줄어들어. 덕분에 쓸모없는 자료들이 작업을 방해하지 않아서 뇌는 효율적으로 일할 수 있어. 너의 뇌는 성인의 뇌로 업그레이드하는 중인 셈이야. 새로운 세팅을 갖추고 훨씬 효율적으로 일하도록 바뀌지.

사실 이런 과정은 기술적인 업데이트와 정확히 일치하지는 않아. 전자 기기와 소프트웨어를 업데이트 중일 때는 보통 그 장치를 사용할 수 없으니까. 뇌는 사용할 수 있지만.

뇌의 업데이트는 몇 년에 걸쳐 진행돼. 10살가량 시작해서 20대 중반까지도 완전히 끝나지 않아!

어쨌든, 너는 뇌를 계속 사용해야 해. 10년 넘게 중지시켜 놓을 수는 없잖아.

그리고 뇌를 업데이트하는 건 단순히 잡동사니를 치우는 것 이상의 일이야. 뇌가 더 잘, 더 빨리, 더 효과적으로 작동하도록 하기 위한 거거든.

다시 말하면 이 모든 일은 반드시 일어나게 되어 있어. 십대 때 급격한 신체 변화를 겪는다는 얘기를 자주 들었을 거야. (아니면 스스로 알아차렸을지도 모르겠다.) 그 왜, 황당한 곳에 털이 나고 무릎이 아플 정도로 키가 자라고 여러 가지 예상치 못한 일들이 생긴다는 얘기 말이야. 네 뇌도 비슷한 변화를 겪게 돼.

너의 신체가
(전보다 더 좋건 나쁘건)
새로운 것들을 얻는 동안
너의 뇌는 세포를
잃는 셈이지.

겁먹지는 마. 이건 꼭 필요한 일이야. 머리카락을 자르고 다듬는 일이 꼭 필요한 것처럼. 다듬어야 할 부분이 두개골 안쪽에 있다는 점만 빼고.

좀 어렵게 들린다고? 다음 페이지에서 내가 좀 더 잘 설명해 볼게.

뇌에서 펼쳐지는
✦ 성탄 연극 ✦

네 뇌에 있는 모든 영역과 각각의 처리 과정을 성탄 연극의 출연진과 제작진이라고 생각해 봐. 모두 특정한 역할과 대사를 받았고, 주어진 역할을 빨리 익혀서 아주 잘 (아니면 최소한 봐줄 만한 정도로) 해냈어.

하지만 문제가 있어. 바로 무대 리허설을 할 시간이 없다는 것!

모두가 동시에 무대 위로 올라가서 관객 앞에 선 채로 우왕좌왕하는 상황이 펼쳐졌어.

양치기들은 어디에 서야 할지를 두고 동방박사와 다투고, 성모 마리아는 아기 예수를 거꾸로 들고 있고, 분명 양 분장을 한 아이들이 돌아다니는데 몇몇은 소 울음소리를 내고 있어.

'어린이'의 뇌가 돌아가는 모습이 바로 이 무대에서 벌어지는 상황과 비슷해.✿

그러다 십대에 들어서지. 어린이의 뇌가 난장판의 공연을 펼치는 중이라면, 십대의 뇌에서 벌어지는 일은 담당 선생님이 등장해서 큰 소리로 지시하는 상황과 비슷해. 이렇게 말이야.

성숙하는 중인 십대의 뇌에서는 이런 일들이 벌어져. 출연자들은 저마다 맡은 일을 어떻게 해야 하는지 잘 알아. 능숙하고 효율적인 공연을 위해 손발을 딱딱 맞춰 짜임새 있게 움직이지.

☆ 초등학교 때 분위기가 왜 그랬는지 이해가 갈 거야.

색다른 느낌으로
다가오는 것들

그럼, 뇌가 매우 급격하게 변화하는 중이니까 생각과 감정과 반응 역시 변할까? 물론이지.

예를 들면, 뇌는 필요 없는 어린 시절의 기억을 지우긴 하지만 전부 없애지는 못해. 너는 유아용 장난감이나 만화책이나 꼬마일 때 좋아하던 여러 가지를 계속 간직하고 있을 거야.

그러다 갑자기⋯ 그런 것들이 귀찮게 느껴진 적 없니? 그렇다고 어린 시절에 가지고 놀던 장난감이 싫어졌다는 뜻은 아니야. 그걸 봐도 예전 같은 기분이 들지 않을 뿐이지. 어느 날부터, 장난감이 가장 소중한 물건에서 "아, 그래, 옛날에 갖고 있던 그것"이 되어 버려.

이런 일은 십대라면 누구에게나 생겨. 뇌 속에는 보상과 쾌락을 담당하는 영역이 있거든. (어린 시절에 좋아하던 물건처럼) 너를 기분 좋고 행복하게 만들어 주는 곳이지. 뇌에 있는 이런 영역들은 전구가 빛을 내뿜듯이 어떤 강렬한 감정을 만들어 내.✿ 뇌의 보상 시스템은 굉장히 중요해. 이 부분은 우리의 행동, 말, 생각에 매우 큰 영향을 줘. 즉,

우리가 어떤 것을 좋아하고 즐길지를 결정하지.

그럼 너는 좋아하는 것을 얻거나, 좋아하는 일을 하기 위해 얼마나 애쓸까? 어마어마하게 노력하겠지. 누구나 마찬가지야.

우리는 좋아하는 것이 생기면 계속 반복해. 여기서 짚고 넘어갈 점이 있어. 네가 어떤 특정한 선택을 하는 이유는 게으르거나 문제가 있어서가 아니라 뇌가 그런 방향으로 발달했기 때문이야. 즉, 무엇을 하면 기분이 좋아질지, 그렇지 않을지 아주 잘 안다는 뜻이야.

뇌의 이 영역도 다른 영역처럼 업데이트가 돼. 일단 이 영역이 업데이트되면 이전에 열광했던 것들이 더 이상 그렇게 좋게 느껴지지 않아.

이제 '정말로' 만족하려면 훨씬 크고 강한 자극이 필요하지.

☆ 뒤에 다시 나오겠지만, 우리 뇌에서 쾌락을 느끼게 해 주는 것들을 몰아내는 일은 정말 어려워.

43

십대 자녀가 예전에 좋아하던 것들을 이제는 "시시하다"라고 말하면 대부분의 부모님들은 어찌할 바를 모르고 화를 내. 그것 때문에 화를 낼 필요는 없는데 말이야. 말 그대로, 이제는 시시하다는 뜻일 뿐이니까.

뇌가 자라고 성숙해지면, 판단력과 동기부여되는 지점, 감정과 행동 방식 같은 모든 것이 바뀌어. 이전과는 다르게 인식하고 반응하게 되지.

이런 변화는 사물뿐만 아니라 사람들과의 관계에도 적용돼. 거기에는 부모님도 포함되지. 네가 의도했건 그렇지 않건 (틀림없이 대부분은 별 뜻 없었을 거야) 부모님을 향한 너의 태도와 행동 방식은 네가 성장하고 성숙하면서 달라져. 부모님도 그 점을 눈치챌 테니, 너에 대한 반응이 달라지겠지.

그런데 이게 젖은 수건을 어디에 두는지와 무슨 상관이 있냐고?

나를 믿어 봐, 곧 그 이야기가 나올 테니까.

뇌는 영역마다
성숙하는 시기가 달라

뇌가 성숙하는 과정은 너에게 엄청난 영향을 미치기 때문에 매우 체계적일 거라고 짐작해 볼 수 있겠지. 그런데 실제로는 그렇지 않아.

인간의 뇌는 어느 날 갑자기 뿅 하고 생겨난 게 아니야. 뇌는 수백만 년이라는 세월을 지나면서 발달해 왔어. 뇌에는 굉장히 많은 영역이 있고 각각 맡은 일도 달라. 인간의 신체 중에서 특별히 더 정교한 영역이어서 생각, 상상, 언어 같은 일을 책임지고 있는데다가 가장 최근에 발달한 기관이기도 해.☆

다른 종들에게도 뇌가 있어. 다들 기본적인 소프트웨어 패키지만으로도 별 문제 없이 아주 잘 지내지.

☆ 여기서 최근이라는 말은 200만 년 전에서 300만 년 전을 가리키는데, 진화론적 관점에서는 '지난주'와 같은 의미라고 생각하면 돼.

46

감정, 본능, 움직임 같은
다양한 핵심 기능은
살아남는 데
반드시 필요해.

　다행히도, 인간의 뇌는 기본을 넘어 빛나고 새롭고 복잡한 기능을 발달시켰어. 하지만 여전히 뇌 속에는 원시적인 영역들이 남아 있어. 생물 종으로서 많은 변화를 겪었지만 숨 쉬기나 움직이기를 멈춰서는 안 되잖아. 생존을 책임지는 뇌의 영역은 지금도 건재해. 최첨단 기술을 탑재한 집이 19세기에 만들어진 하수도 시설을 여전히 잘 사용하는 것과 같다고 보면 돼. 선진 기술과 고대의 기술이 합쳐져서 전체를 구성하는 셈이야.

　자, 그런데 여기서 너와 네 부모님 모두에게 성가시고 번거로운 일이 벌어져.

너의 뇌 vs 부모님의 뇌

지금까지 말했듯이 너의 뇌는 계속 자라고 변하고 있어.

그러는 동안 네 부모님의 뇌는 전혀 변하지 않아. 이미 네 나이를 거치면서 다 자랐거든. 그러니 더는 그런 과정을 겪을 이유가 없지. 물론 다양한 경험을 하면서 변화를 겪긴 하지만 너처럼 급격한 변화를 겪을 일은 거의 없어. 이런 뇌의 성장통은 청소년기에 일어나는 일이야. 뇌가 성장하면서 결국 성격도 변하고 숱한 언쟁과 갈등을 겪게 되지.

십대들은 감정적으로 폭발하기 쉽다고들 해. 어른들은(대부분은 부모야) "성질머리하고는" "변덕스럽다" "어이없다" "공격적이다" 같은 말로 십대들의 감정적인 태도를 설명해.☆ 십대들은 대체 왜 그러는 걸까?

십대들은 감정을 꼭꼭 가둬 두려고 무척 애쓰는데, 감정을 느끼고 경험하는 강도는 어른들보다 더 높다는 연구 결과가 있어. 대다수의 어른들도 자신의 감정을 억제하려고 애쓰지만 십대들에게 그 일은 훨씬 힘들어.

젖은 수건 이야기로 돌아가자. 우리는 부모님이 아무것도 아닌 일에 왜 그렇게 과민하게 반응하는지 답을 찾는 중이었어. 그런데 말이야, 그 일이 정말 아무것도 아니라면 그냥 해 보는 건 어떨까? 부모님이 길거리에서 자라고 하거나 콩팥 하나를 무상으로 달라는 게 아니잖아. 그냥 집안일을 좀 도와달라는 것뿐이라고. 그거야말로 아무것도 아니잖아?

맞아, 너도 사실 아무것도 아니라고 느낄 거야. 하지만 그 말을 들을 당시의 네 모습을 돌이켜 보면, 사소한 요구나 지시에 종종 지나치게 감정적으로 반응한다는 사실을 깨달을 거야.

☆ 그래, 바닥에 널브러진 젖은 수건을 발견하고 3차 세계대전을 선포한 바로 그 사람들이 그런 말을 해. 그리고 딱 10초만 저녁 뉴스를 같이 보면 어른들 역시 꽤나 감정적이라는 사실을 알게 될 거야.

49

부모님과
언쟁이 격해지는
이유는
네 뇌에서
벌어지는 또 다른
기이한 작용
탓이야.

감정적인 뇌

일반적으로 뇌는 이렇게 설정되어 있어. 감정과 본능과 충동을 처리하는 영역은 논리적이고 이성적인 영역이 관리해. 그런데 이성적 영역이 감정을 완전히 통제하지는 못해. 그보다는 심각한 혼란을 일으키지 않도록 억제하는 편에 가까워. 흥분한 개가 낯선 사람을 향해 돌진하지 못하도록 목줄을 꽉 잡고 당기는 주인처럼 말이야.

하지만 십대에 들어서면 문제가 발생하지. 감정을 담당하는 영역 같은 뇌의 기본 영역은 성숙하는 데 시간이 오래 걸리지 않아. 그래서 변화 초기에 최고 수준에 다다라.

한편, 감정을 억제하는 이성적인 영역처럼 좀 더 정교한 영역은 발달하는 데 훨씬 오랜 시간이 걸려. 그래서 20대에도 계속 발달해.

그럴 만도 해. 주판이랑 태블릿 피씨를 만든다고 생각해 봐. 어느 쪽이 만드는 데 더 오래 걸리겠어?

작업이 복잡할수록 완료하기까지 더 많은 시간이 필요해. 두말하면 잔소리지.

이 말 안에는 이런 의미가 있어. 십대를 지나는 동안 감정을 조절하는 뇌의 능력치가 부족할 가능성이 높다는 것. 그동안 감정은 그 어느 때보다 불타오르는데 말이야!

뇌는 신입 교사 같은
역할을 해

경험이 많지 않은 선생님에게 배워 본 적 있니? 교생 선생님을 만나 본 적은? 학교마다 수업 시간에 아이들을 통제하는 데 애를 먹는 선생님들이 있지. 새로 온 선생님은 누가 누구인지, 어떤 수업 방식이 효율적인지, 어떤 학생이 말썽꾸러기인지, 잘 몰라.

누가 그 상황을 이용해서 수업을 방해하고 분위기를 망칠지 우리는 알아. 그런 말썽꾸러기들은 일이 어떻게 진행될지 빠삭해. 신입 선생님이 책임지고 교실을 통제해야 하지만 이런 상황에서는 힘들지.

교실은 십대의 뇌, 신입 선생님은 논리적인 처리 과정(자제력), 방해받는 학생들은 네 감정이라고 보면 돼. 십대가 어른보다 훨씬 감정적으로 보이는 이유지. 십대의 뇌에서 논리적인 영역이 감정적인 영역을 통제하는 데 드는 집중력과 에너지는 상상 이상이야.

뇌에서 보상과 쾌락을 담당하는 영역은 공부나 시험처럼 어느 정도 일이 진행된 다음 보상이 주어지는 일보다 당장 재미난 일에 즉시 반응해. 즉, 네가 밖에서 친구랑 늦게까지 어울리는 일이 잦아진다는 의미지. 이후에 부모님한테 혼날 걱정보다 친구랑 있는 그 순간이 재미있으니까.

부모님이 뭐라고 하든 마음 내킬 때 나갔다 들어왔다 할 거라고? 그러면 "집이 호텔인 줄 안다"라고 야단맞을 이유가 하나 더 생기겠지.

십대들은 뇌가 작동하는 방식 탓에 감정과 충동을 제대로 조절하기도 힘들고, 조절해야겠다는 마음을 먹기도 힘들어.

엎친 데
덮친 격이지.

이런 일은 부모님에게는 해당되지 않아. 부모님도 어렸을 땐 그랬겠지. 하지만 그분들의 뇌는 아주 옛날에 기본적인 업데이트를 마쳤어. 의견 충돌이 발생하는 건 바로 그 때문이야.

예를 들면, (유튜버가 되고 싶다는 꿈처럼) 너의 마음은 어떤 일에 강하게 끌리는데 네 부모님은 생각조차 않는다면 의견 일치는 쉽지 않을 거야.

그렇다고 부모님에게 너 같은 감정이 없다는 뜻은 아니야. 그런 감정을 느끼는 일이 어렵다고 보는 편이 맞겠지. 아니면 너만큼 강렬하게 느끼지 못하거나. 어쨌든 결과는 말다툼이지. **부모님도 너의 생각과 감정을 이해하고 인정하지만 무슨 문제건 그분들의 감정 반응은 너와는 매우 달라.**

수건을 치우라고 말하면 네가 화를 내리라는 사실을 너희 부모님도 알아. 하지만 네가 왜 그러는지는 이해하지 못해. **부모님은 너처럼 감정적으로 반응하지 않으니까.**

너는 감정과 충동을 자제하기 위해 다른 일보다 10배는 애써야 하는데, 침착하고 한결같은 부모님은 언제 어디서나 이성적이고 논리적일 수 있다니! 이 말은 네가 말다툼을 벌이거나 화낼 가능성은 높지만 합리적일 가능성은 낮다는 뜻 아니겠어? 부모님은 네가 단지 '감정에 휘둘린다'고 생각하겠지.

그럼 부모님은 합리적일까?

어른들은 (그래, 부모님도 포함해서야) 십대를 감정적이고 유난 떤다고 놀리고 비난하지만 사실 그런 태도는 부당하고 너에게 별 도움도 되지 않아. 현재 뇌가 어떻게 작용하는지 생각해 볼 때 너는 감정을 최대한 억제하고 있으니 칭찬을 받아 마땅해.

사실, 감정적으로 반응하는 걸 절대 나쁘게 봐서는 안 돼. 그건 네 입장에서 잘못된 게 아니거든. 실제로는 정신 건강에 도움이 되고 삶의 질을 높여 주는 행동이지. 특히 네 나이, 즉 뇌가 감정 다루는 법을 익히는 시기에는 더 그래. 자신의 감정을 제대로 잘 표현하는 십대들이 오히려 크게 감정을 폭발시킬 일이 적지.

감정이 북받쳐서 쏟아내야 한다면, 까짓것 한번 해 보는 거야. 베개에 고개를 묻고 소리를 지르고, 한바탕 달리고, 몇 시간 정도 게임기로 외계인들을 학살해도 괜찮아. 뭐든 효과가 있다면 시도해 봐. 누군가를 다치게 하지만 않으면 돼. 그러면 격한 감정에 휘둘릴 일이 많지 않을 거야.

십대의 뇌가 일으키는 격한 감정은 소프트웨어에서 발생하는 사소한 기술적 결함과는 달라. 피할 수가 없고, 네 잘못이 아니라는 뜻이야. 감정을 분출하고 사사건건 따지면서 너는 본능이 원하는 것들을 정확히 수행하는 셈이야!

그런데 말이야…
왜 그래야 해?

대체 뭐 때문에
그러는 거야?

인간처럼 사회적인 종은 집단을 이루고, 부족끼리 모이고, 무리를 형성하려는 경향이 있어. 집단을 이루면 안전이 보장되거든. 수적으로 강해지는 거지. 특히 가족 집단의 경우가 그런데, 연약한 어린아이들이 가장 헌신적인 사람, 즉 부모의 보살핌과 보호를 받지.

안전의 의미는 대개 긍정적이지만, 안전만을 중요하게 여기면 배우고 적응할 기회가 줄어들어.

세상은 끊임없이 변화하며 유지돼. 우리도 살아남으려면 세상과 함께 변화해야 하지.

네가 보라색 열매만 먹는 종이라고 가정해 보자. 보라색 열매만 먹는 이유는 그걸 좋아하고 안전해서야. 그런데 갑자기 보라색 열매가 심각한 질병에 감염되었어. 그런 상황에서 너는 아무 문제 없을 거라고 낙관하면서 계속 보라색 열매를 먹겠어? 아니면 용기를 내서 노란색 열매를 먹어 보겠어? 만약에 어떤 종에게 전에 쭉 해 왔던 행동을 바꿀 의지나 용기가 없다면 그 종은 멸종하고 말 거야.

그러면 안전한 삶을
누리는 동시에
변화와 미지의 것을
받아들이는 방법은 뭘까?

만약 그 종 안에 신체 기능이 한창 왕성하거나 유연하게 생각하고 모험을 좋아하는 구성원들이 있다면 새로운 것을 찾아 나서려고 할 거야. 그 구성원들은 늘 하던 일과 전형적이고 권위적인 존재(예를 들면 부모님)에 저항하려는 성향도 크겠지. 그래서 낯선 사람을 만나고 새로운 것을 경험하고 아무도 가 본 적 없는 곳으로 용감하게 향한다면 어떨까?

그동안 재미있고 즐거웠던 것들은 모두 낡고 가치 없는 것처럼 느껴지는데, 뇌가 점검 시간을 거치는 중이니 변화에 대처할 능력은 아직 제대로 갖춰지지 않았어. 그럼에도 결국 변화를 적극적으로 받아들이게 되지! 변화를 직접 찾아 나서기로 한 거야.

너의 뇌는 독립을 외치고, 흥미로운 것을 찾고, 친숙한 것을 벗어던지고, 새로운 것을 탐험하고, 존경받고 권위 있는 인물을 거부해. 너는 그렇게 진화해 왔어.

바로 그 행동, 반항하고 독립을 추구하고 위험을 감수하고 감각적인 자극을 찾는, 십대들이 비판받는 그 모든 행동들 덕분에 인류는 탐험하고 적응하고 유전자를 널리 퍼뜨릴 수 있었어.

이런 면에서
십대들은
인류 성공의 주역이라고
볼 수 있어. ✿

네 뇌는 매우 유연하고, 새로운 발상과 경험에 열려 있어. 인종, 성별, 성 역할, 총기 규제, 환경주의, 동물의 권리 같은 중요한 문제에 있어서 거대한 변화를 제대로 받아들이고 익숙해져야 할 당사자는 바로 너와 같은 십대들이야. 어떤 집단을 묘사하기 위해 새로운 언어를 사용해야 하거나, 성 역할 관련 문제가 대두되었을 때, 혹은 환경 등에 관한 논란이 점점 심화될 때 십대들이 불평하는 일은 거의 없어.

그런데 부모님에게 그런 너의 관점으로 세상을 보라고 하는 일은 DVD를 전자레인지에 집어넣는 것과 비슷해. 뭔가를 보기는커녕 폭발 사고를 당할지도 몰라.

수백만 년의 발달 과정은 성인과 십대의 행동 방식, 감정, 사고에 근본적인 차이를 만들어 냈어. 즉 부모님과 네가 이렇게 다른 건 뇌 구조의 큰 변화 때문이야.

✿ 그래서 감사 인사를 듣느냐고? 글쎄 그런 일은 거의 없을걸. 하지만 식사를 마친 뒤에 깜빡하고 빈 그릇을 싱크대에 갖다 두지 않으면 어떨까? 끝없는 잔소리가 이어지겠지.

알고 보면 정말 별일 아니지?

그럼 뇌에 관해 새롭게 이해했으니 네가 "집이 무슨 호텔인 줄 아는" 상황으로 돌아가 보자.

바닥에 놓아 둔 젖은 수건 이야기로 돌아가서

부모님에게 뭔가 문제가 생긴 걸까?

먼저, 그 사건을 네 부모님의 입장에서 생각해 보자. 부모님이 옳을 수도 있잖아. 누군가의 집을 호텔 취급하는 태도를 좋다고 보기는 힘들어. 만약에 낯선 사람이 너희 집에 들어와서 냉장고에서 음식을 꺼낸 뒤, 방에 들어가더니 며칠을 내리 잠만 잔다고 생각해 봐.

부모님은 그 사람에게 우리 집이 호텔인 줄 아느냐며 호통치고 화를 내야겠지.

하지만
너는 **낯선 사람**이 아니야.
너는 그분들의 **자식**이라고!

부모님이 너를 어떻게 불러 왔는지 생각해 봐(오글거림 주의).

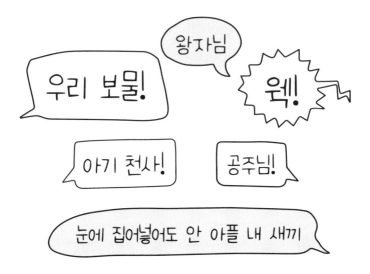

네 관점에서 보면, 부모님이 가정을 유지하기 위해서 하는 모든 일들은 늘 그렇게 당연히 존재해 온 듯 보여. 부모님이 말하는 '가정'은 곧 네 집이기도 해. 집에서 평생 해 온 대로 변함없이 행동하고 있는데 왜 이제 와서 그걸 탓하지?

네가 부모님에게 그렇게 해 달라고 조른 건 아니잖아. 지난 몇 년간 부모님과 격한 언쟁을 벌이는 도중에 "내가 언제 낳아 달라고 했어!"라고 소리쳐 본 사람이 꽤 될 거야. 어쩌면 너도 그래 봤을 거고. 대부분의 부모님들은 쓸데없는 소리 한다며 웃어넘기거나 콧방귀를 뀌었을 거야. 하지만 그 말은 사실이야. 부모님은 너를 이 세상에 낳아 주고, 책임지고, 음식을 공급해 줬잖아.

태어나는 순간부터 끝도 없이 이어지는 허드렛일을 부모님에게 안겨 준 건 네가 아니야. 그건 부모님이 서로 합의한 일이었지. 그런데 이제 와서 문제를 삼는다고? 갑자기 넌 집안일을 하지 않는다고 게으르고 약속도 안 지키는 사람 취급을 받아.

대체···
어디서 이 "약속"이란 게
생겨난 거지?

어린 시절 내내 경험한 방식과는 완전히 다르잖아. 너에게 물어보지도 않고 말이야. 상황이 달라질 거라는 예고를 듣기는 했어?

자, 요약하면 다음과 같아.

다음 페이지를 기대해 줘.

부모님과 싸우기 전에 알아야 할 10가지

흥분을 가라앉히고, 이 10가지를 천천히 읽어 보자.

10. 네가 아주 어렸을 때 부모님은 네 삶을 통째로 지배했어. 부모라면 그래야 하거든. 부모님은 너를 소중하게 아끼며 보살폈지. 너는 부모님 껌딱지였고. 부모님은 너의 세상을 만들고 네 생각의 거의 모든 틀을 제공해 주었지.

9. 그러다 너는 십대에 들어섰어. 뇌가 기어를 바꾸자 안전하고 편안하게만 느껴지던 것들이 답답하게만 보여. 부모님과의 관계도 마찬가지야. 십대의 뇌는 부모님을 아낌없이 베풀고 보호해 주던 사람에서 관리하고 단속하려는 사람으로 인식하기 시작해. 따라서 부모님을 향한 너의 태도도 변하겠지. 미처 깨달을 새도 없이 말이야.

8. 부모님의 입장에서 이런 상황은 매우 당황스러워. 그분들의 나이 든 뇌는 새로운 상황에 적응하는 데 시간이 많이 걸려. 특히나 네 머릿속에서 일어나는 일은 눈에 보이지 않잖아. 부모님에게 너는 새로운 것을 시도하려는 마음도, 좋아할 생각도 없는 아이로만 보일 거야.☆ 너는 모든 것을 바꾸는 중인데 말이야!

7. 집이 호텔인 줄 아냐고 부모님이 왈칵 성을 내는 이유가 여기에 있어. 너는 항상 집을 호텔처럼 생각하면서 살았어. 집안일은 부모님 몫이니까. 지금껏 내내 그래 왔을 거야!

6. 부모님도 불만은 없었어. 다만 바쁘고 열정적인 자녀를 둔 대가를 치러야 할 따름이었지. 부모의 삶은 모든 것들이 아이와 엮여 있어. 뒤치다꺼리에 스트레스에 온갖 귀찮은 상황에도 불구하고 아이를 키우는 일은 정말 보람차고 즐겁거든.☆☆

5. 그런데 너와의 관계에서 얻던 유익과 즐거움이 사라진다면, 부모님은 너에게 뭘 해 줘야겠다는 생각을 덜 하게 될 거야. 젖은 수건을 치우지 않는 일처럼 사소해 보이는 것부터 당연하게 여기던 모든 것들이 이제는 골치 아픈 문제가 되고 있잖아.

☆ 물론 우리는 부모님이 새로운 것을 어떻게 생각하는지 알아.

☆☆ 덕분에 인류가 발전했지. 그 점이 중요해.

4. 너는 그저 자라고 성숙하고 발전하는 중이야. 여기서 네가 할 일은 없어. 다만 이 과정에서 네가 화가 나는 건 부모님이 사소한 일을 하라고 시키기 때문이 아니야. 너에게 뭘 하라고 지시하면서 정작 네가 진심으로 바라는 독립은 막고 있다는 게 핵심이지. 부모님이라는 분들이 말이야.

3. 부모님은 지금껏 익숙하고 즐거웠던 방식으로 행동하지 않는 너를 보고 예전 모습을 '잃는다'라고 생각해. 하지만 그건 십대가 된 너를 유모차에 태우고 돌아다니겠다고 고집 피우는 일처럼 옳지도 공정하지도 않아. 아이랑 그저 전같이 지내고 싶은 부모님으로서는 고통스럽기만 할 테지. 그렇다고 예전의 합의가 더는 적용되지 않는 상황에서 너에게 화를 내며 분풀이하는 건 옳지 않아. 뭐, 부모님 입장에서는 네가 어른 대접을 받고 싶다면서 어른이라면 당연히 해야 하는 간단한 집안일조차 하지 않으니 짜증이 나겠지만.

2. 안타깝게도 부모님의 완고한 뇌는 널 게으르다거나 고마운 줄도 모른다고 타박해. 하지만 그 말은 사실이 아니야. 너는 한 인간으로 실패한 것도 아니고 성격에 큰 결함이 있는 것도 아니야. 단지 너의 뇌가 (집안일처럼) 익숙하고 일상적인 것들을 거부하는 것뿐이지. 부모님은 자신과 자녀에게 안전하고 편안한 환경을 제공하기 위해 수년을 걸쳐 (주로 집안일을 하면서) 애썼는

데 말이야.

1. 간단히 말하면 '뇌가 작동하는 방식' 때문에 십대들은 부모님이 하듯 집안일에 관심을 기울이기 어려워. 반대로 부모님은 왜 네가 친구들이랑 어울리면서 온통 다른 일에만 신경 쓰는지 이해하지 못해.

지금쯤, 부모님의 문제를 이해하고 처리하는 일이 왜 너의 책임인지 궁금할 거야. 그분들은 '다 큰 어른들'이잖아? 기억해, 너야말로 유연하고 적응력 있는 뇌의 소유자라는 사실을. 너는 새로운 규칙 아래 생겨난 새로운 관계를 부모님보다 훨씬 더 잘 파악하고 이해할 수 있어.

그 능력은 부모님을
참아 내는 데에도 활용 가능해.
새로운 상황을 따라잡으려면
부모님에게는
시간이 필요해.

문제 시도 때도 없이 부모님과 부딪친다. 이런 상황은 부모님이 '넌 집이 호텔인 줄 안다'고 생각하는 데서 출발했다.

진행 과정 사소한 일이나 악의 없는 의견 충돌이 방아쇠를 당겨 출구 없는 갈등이 시작된다. 이러한 충돌과 갈등은 스트레스를 일으키고 정신 건강과 행복에 타격을 준다. 또 부모님과 맺고 있던 관계의 뿌리에도 영향을 미쳐서, 당장은 그렇게 보이지 않더라도 성인 이후의 삶에 중대한 영향을 끼칠 가능성이 높다.

결과 부모님은 네가 중요하지 않은 일에 정신을 쏟느라 정작 중요한 일을 무시한다고 생각한다. 너 역시 부모님에 대해 똑같은 생각을 자주 품기 때문에, 의견이 일치하지 않을 때면 감정적으로 반응하는 일이 잦다.

1. 감정이 널뛸 때는 부모님과의 언쟁을 피하자. 마음이 가라앉을 때까지 대답을 미뤄 보자. 그냥 받아들이라는 뜻이 아니다. 몇 분만이라도 대꾸하지 말자는 얘기다. 또는 감정을 가라앉히는 데 도움이 될 만한 뭔가를 해 보자. 상황이 나빠지는 일을 막을 수 있다.

2. 어떤 상황인지 파악하는 일만으로도 양쪽에 도움이 된다. 불확실성은 스트레스와 불안을 높인다. 너와 부모님이 차분하거나 기분 좋은 상태일 때, 네 생각을 부모님에게 설명해 보자.

3. 협상 안을 제시하자. 창조적인 제안을 해 보면 의외로 쉽게 문제가 풀릴 수도 있다. 친구들과 어울리는 시간이 너무 많다거나 공부를 하지 않는다는 잔소리를 부모님이 자제해 준다면 방 청소를 잘해 보겠다고 제안해 보자.

4. 시키지 않아도 집안일을 해 본다. 생각보다 어렵지 않을

것이다. 부모님과 굳이 적이 될 필요는 없다. 집안일의 중요성을 알고 기꺼이 할 마음이 있다는 점을 부모님에게 보여 주기만 해도 갖가지 갈등을 피할 수 있다.

깨어 있는 내내 부모님에게 싫은 소리를 듣고 거기에 반박하다 보면 반서른의 삶이 허무하게 느껴질 수 있어. 곧 깨닫겠지만 그런 상황은 자는 동안에도 멈추지 않아. 이제 젖은 수건을 넘어 수면과의 전쟁 속으로 들어가 보자.

2장

일어나, 지금이 몇 신데 아직 자고 있어!

이상한 점

부모님은 십대의
수면에 집착한다.

잠이 많은 편이니?

자, 이렇게 고쳐 말해 볼게. 혹시 부모님이 너에게 잠만 잔다고 하니? 십대들은 늘 잠 때문에 비난을 받아. 나도 그랬고.

생각해 보면 정말 이상한 말이지. 집안일을 안 한다고 뭐라고 하는 것과는 아예 다른 얘기야. 엄밀히 말하면 너는 집안일을 할 수 있지만, 일부러 안 하거나 할 생각이 없는 거잖아. 여기서 중요한 단어는 '일부러'야. 부모님은 네가 집안일을 돕지 않기로 선택했다고 믿어. 부모님은 그런 선택이 잘못되었다고 생각하고.

그런데…
잠을 너무 많이 잔다고?
그게 과연
선택의 문제일까?

잠자리에서 눈을 감고 이렇게 생각하는 사람이 있을까? '난 11시간 동안 잘 거야. 반드시 그렇게 할 거야.' 잠잘 때 우리는… 당연한 말이지만… 잠들어 있어! 우리는 이 문제에 있어 어떤 선택도 하지 않아.

꿈속에서 학교에 늦었고 숙제도 다 못 했는데 짧막한 티셔츠 한 장만 달랑 걸치고 있어.✿ 그때 문득 이런 생각이 드는 거야. '어, 7시 30분이다. 일어날 시간이야.' 혹시 이랬던 적 있어?

당연히 없을 거야. 일어날 때는 잠을 잘 만큼 잤거나 시계 알람 소리 같은 것이 널 깨웠을 때야. 어느 쪽이 되었건 깨어나야 할 때는 네가 정하지 못해. 아무도 그런 식으로 일어나지 않지.

하지만 부모님한테는 조금도 안 먹히는 말이야. 너는 늦은 아침, 혹은 이른 오후에 일어나 이불 속에서 간신히 빠져나와 거실로 터덜터덜 나왔을 거야. 아직 멍한데 이런 고함 소리가 귀를 찌르지.

세상에, 이게 누구셔.

맙소사, 살아 있었냐!

해가 중천에 떴는데 이제 일어나서 뭘 하려고!

✿ 누구나 한 번씩은 이런 꿈을 꾼다더라.

아직 이런 일을 겪은 적이 없다면, 곧 경험하게 될 거야.

네 부모님이 말하는 요점은 파악하기 쉬워. 너는 잠을 너무 자. 조금만 일찍 일어나면 생산적이고 즐거운 일을 할 수 있을 텐데. 하지만 너는 이불 속에 누워 있기를 '선택'했어. 그러니 일어났을 때 비난과 조롱을 받아 마땅해.

물론 보통의 부모님은 적당한 시간에 잠자리에 들면 늦잠 잘 일이 없다고 조언하겠지. 하지만 보통의 십대는 적당한 시간에 잠자리에 들지 않아.

안 그래?
가슴에 손을 얹고
솔직히 말해 봐.

여기서 놓치지 말아야 할 건 얼마나 오래 잘지를 네가 결정하지 않듯 언제 피곤할지도 스스로 결정하지 못한다는 거야. 부모님이 종종 피곤하다는 말을 하니까 언제 피곤할지 안다고 생각할 수도 있어. 네가 언제 피곤할지 정할 수 있다면 부모님 역시 언제 피곤하면 안 되겠다고 결심할 수 있지 않겠어?

간단하지?

저녁 8시에 잠자리에 들 수는 있어. 하지만 정말로 피곤하지 않다면 잠들려는 노력도 헛수고야. 그건 점심을 먹고 한 시간도 안 돼서 저녁 만찬을 먹으려는 것과 같아. 쉽지 않겠지.

생각해 보자. 잠자리 들기에 적당한 오후 8시나 9시쯤 네가 캄캄한 방에 누워서 천장을 바라보고 있기를 부모님은 진심으로 바라는 걸까?

대체, 뭘 어떻게 해야 하는 걸까?

십대들은 잠을 너무 많이 자도 야단을 맞고 또 잠을 충분히 안 자도 야단을 맞는데.

십대들은 언제, 얼마나 자야 하는지를 두고 부모님과 갈등을 겪어.

그렇다면 부모님이 원하는 건 뭘까? 수면에 관해서 가능하지도 않고 오히려 문제를 키우는 요구를 하는 이유는 뭘까?

이 문제에는 많은 것들이 얽혀 있어.

먼저, 부모님들이 왜 그렇게 십대 자녀의 수면에 집착하는지 살펴보자. 자는 동안 너는 아무것도 하지 않아. 만약 부모님이 네가 일거리를 만들거나 유튜브 동영상을 보거나 친구를 만나려고 나가서 화가 난다면 부모님은 네가 잠을 많이 잘 때 기뻐야 해.

하지만 그렇지 않아.
부모님은 네 일과를
사사건건 감독하는 데
만족하지 않고

네가 **무의식 상태**일 때까지
참견하려 해.

네 입장에서는
그렇게 보일 거야.
이건 꽤나
이상하고
못마땅한 결론이지.

"부모님은 왜 나의 수면에
집착할까?"

부모님의 수면 집착은 정말 짜증 나.

자, 여기서 전 세계 부모님들을 옹호하자면, 자녀의 수면은 부모 노릇을 시작한 첫날부터 삶의 큰 부분을 차지해. 보살펴야 할 갓난아기가 생기자마자 수면(좀 더 정확하게 말하자면 수면 부족이겠지)은 부모님의 가장 중요한 관심사로 자리 잡아.

아기들은 아주 작지만 무서운 속도로 성장해. 그래서 두어 시간마다 젖을 먹여야 하고, 심지어 밤중에도 먹여야 해. 아기를 먹이는 사람은 부모야. 그 일을 하려면 깨어 있어야 하지.

최종 결론 : 어른이 부모가 되면 절대적인 수면 부족 현상을 겪어.

잠깐 자는 잠도 툭하면 방해받아서 깨기 일쑤야. 이성과 논리도 없이 울어 대는 조그만 인간을 돌봐야 하기 때문이지. 갓난아기는 밤낮이 바뀐 상태라 밤에도 부모님은 아기를 먹이고, 재우고, 기저귀를 가

는 일에 집중해.✩

아기가 자라 어린이가 되어서 '밤에 깨지 않고 잠을 푹 자면' 상황이 조금 나아져. 그래도 많은 부모는 아이의 수면 패턴에 여전히 신경을 써.

부모에게 아이 돌보는 일은 다른 어떤 일보다 중요해. 그러니 집안일, 돈 관리, 서류 작업, 자동차 정비 등등은 아이를 보살피지 않는 시간에 몰아서 해야 해.

대개는 아이가 잘 때지. 바로 그때가 아이와 관련 없는 일들을 해야 할 시간이야. 부모님 본인이 잠자리에 들기 전까지 말이야.

바꿔 생각해 보면, 부모님도 긴장을 풀고 쉴 시간이 필요하지 않을까? 아이들을 돌보는 일은 사랑의 크기와 상관없이 진이 빠지는 일이거든. 특히 평균적인 어린이는 평균적인 어른에 비해 천만 배나 에너지가 많아. 아이가 늦게까지 깨어 있으면 부모님이 중요한 일을 볼 시간이 줄어들어. 지친 심신을 회복하는 일까지 포함해서 말이야.

대부분의 아이들은 학교에 가야 해. 학교는 아침에 시작하지. 그러니 부모님은 일하러 가기 전에 아이들에게 학교 갈 준비를 시켜야 해. 학교까지 데려다 줘야 할 수도 있고.

논리적으로 따지면, 아이는 학교에 갈 준비를 하기 위해서 일찍 일

✩ 사실 네가 어렸을 때 부모님은 네가 언제 화장실을 가서 어떤 모양과 색깔의 똥을 싸는지도 신경 썼을 가능성이 커. 부모님이 지금 그걸 체크하지 않는 것만으로도 한편으로는 다행이라고.

어나야 해. 잠을 충분히 못 잔 아이는 아침에 일찍 일어나기가 상당히 힘들겠지. 어떤 아이들은 항상 늦잠을 자기도 해.✿

부모가 된다는 것은 자녀가 언제 어떻게 자는지 파악하느라 수년을 보내야 한다는 뜻이야.

행운이 따른다면 괜찮은 수면 습관이 형성될 거야.

하지만 십대에 들어서면 수면 습관이 엉망이 되어 버려.

알다시피, 십대들은 늦게 자고, 오래 자고, 늦게 일어나. 잠자리에 들기 위해 하던 일, 한때는 조용하고 친숙했을 습관이 끊임없는 갈등과 긴장을 일으키는 주제가 되어 버려. 전에는 부모님이 책을 읽어 줘야 잠들었는데 이제는 부모님이 깨어 있을 때 같이 깨어 있지 않으려고 온갖 노력을 해.

이런 변화는 분명 부모님에게 낯설고 거슬리겠지. 부모님이 이 문제 앞에서 속수무책이라는 점을 이제 우리는 알아.

 ✿ 만약 내 딸이 이 글을 읽고 있다면, 그래 네 이야기야.

부모님 입장에서 얘기해 보자. 너도 인정하겠지만, 어렸을 때에 비해서 네 수면 패턴은 꽤 많이 바뀌었어. 예전보다 훨씬 늦게까지 깨어 있고, 제시간에 일어나지 못해. 그러니 부모님이 걱정할 만하지 않을까? 혹시 너에게 문제가 있는 건 아닐까?

잠은 얼마나 자야
적당한 걸까?

당장 이 문제를 확실히 정리해 보자. 일단, 너에게는 문제가 없어.

십대가 되면서 네 수면에 필요한 조건들은 엉망진창이 되어 버려. 십대를 지나며 겪어야 하는 수많은 변화 중 하나인 셈이지. 잠을 잘 때 십대의 뇌에서 어떤 일이 벌어지는지 분석해 보면 비합리적인 쪽은 사실 부모님이야.

부모님은 모르겠지만 실제로 그래.

예를 들어 막 잠에서 깨어난 누군가가 피곤에 절어서 혼란스러운 상태일 때, 절대 그 사람을 비난하거나 놀려서는 안 돼. 가뜩이나 매우 민감한 상태인데, 그 일로 하루 종일 우울한 기분으로 지낼지도 모르잖아.

십대 자녀에게 그런 행동을 하는 부모님은 대개 나중에 왜 항상 투덜대거나 기분이 안 좋은지 설명하라고 캐묻는 유형이지. 그건 양쪽 신발 끈을 한데 묶어 놓고, 자꾸 넘어지는 걸 보니 둔하다고 나무라는 것과 같아.

널 언짢게 할 생각은 없어.
근데 네가 잠을 너무 많이 자잖아.

보통의 부모님은 잠을 너무 많이 자면 인생 낭비에 건강도 해친다고 믿어. 그러니 그 부분을 강조하면서 못 하게 막는 일이 부모님 입장에서 잘못은 아니야.

어른 대접 받고 싶으면….

어른들은 서로를 놀려 대기 바쁘면서 '어른 대접'이라니. 또 뭘 해야 하는지 알아? 제시간에 일어나기!

잠처럼 간단하고 익숙한 일이 부모와 십대 자녀 간에 갈등을 일으켜. 이 문제를 해결하고 화해할 방법이 있을까?

있을지도.

앞에서 우리는 부모님이 너의 새롭고도 기묘한 수면 습관을 반대하는 까닭에 대해 살펴봤어.

부모님의 의견이 틀린 이유는 다음과 같아.

너는 부모님과 다른 시간에 잠이 들어. 여기서 다른 시간이란 부모님에겐 익숙하지 않은 시간이라는 뜻이지. 그렇다고 네가 잠을 너무 많이 자는 건 아니야. 전혀 그렇지 않지. 사실 십대는 잠이 더 필요한 나이야. 어린 시절에는 충분했던 수면의 양이 갑자기 부족해진 상황이지.

대부분의 부모님들은 이 사실을 몰라. 그러니 좋은 의도로 아침 8시에 네 방문을 벌컥 열고 들어와서 커튼을 활짝 열어젖히며 "일어나, 해가 중천에 떴어! 날씨가 얼마나 좋은지 몰라"라거나 뭔가 짜증 나는 말을 하면서 너를 깨웠을 테지. 분무기로 물을 뿌리는 분들도 있대.

부모님은 널 돕는다고 생각해. 하지만 사실은 그 반대지. 너의 잠을 빼앗고 있으니까. 잠은 너에게 반드시 필요한데 말이야.

여기서 문제가 시작돼. 자칫 아주 심각해질 가능성도 있어.

부모님이 너의 수면에 관해 제기하는 모든 문제들을 이해하기 위해서, 먼저 수면 자체를 꼼꼼히 살펴볼 필요가 있어.

즉, 인간은 왜 잠을 자야 하는가?
수면의 쓸모는 무엇인가?

우리는
왜 자야 할까?

수면의 목적은 여러 가지야. 과학자들도 아직 그 목적을 모두 밝혀 내지는 못했어. 하지만 수면은 중요해. 생명을 유지하는 데 필수 요소지. 우리 모두 그 정도는 알고 있어.

사람들은 수면을 휴식이라고 생각해. 낮 동안에는 여러 가지 일을 하고, 잠을 자는 동안에는 쉬면서 기력을 회복한 뒤 다음 날 다시 하루를 시작한다고 말이야. 부모님이 늦게 잠자리에 든다고 눈살을 찌푸리는 까닭도 이런 생각 때문이야. 수면이 오로지 휴식과 이완의 목적만 있다면 지나치게 오래 자는 사람은 게으르고 제멋대로라는 인상을 주겠지.

여기서 짚고 넘어가야 할 점이 있어. 수면은 휴식인 동시에 우리 신체를 유지하는 데 매우 중요한 역할을 한다는 거야.

수면은 우리 몸에 꼭 필요한 다운 타임✿을 제공해서 낮 동안 바닥난 에너지를 충전하고 유지 보수를 진행하도록 도와. 이 과정을 하찮게 여겨서는 안 돼. 수면 부족을 겪는 사람들은 신진대사가 느려지고,

체중이 증가하고, 상처가 낫는 데도 시간이 오래 걸려.

이렇듯 수면이 제공하는 휴식은 우리 몸에 꼭 필요하고 매우 중요해.

그런데 수면과 뇌의 관계는 조금 다르게 볼 필요가 있어. 여기서 종종 오해가 발생하지.

수면 중의 뇌와 깨어 있을 때의 뇌를 비교하면, 활동 수준에서 큰 차이를 발견하지 못할 거야. 잠자는 동안의 뇌는 깨어 있을 때의 뇌만큼 열심히 일하거든. 하는 일은 좀 다르지만.

퀴즈를 내 볼게.

"벽돌 1톤과 깃털 1톤, 무엇이 더 무거울까?"

답은 '더 무거운 것은 없다'야. 벽돌과 깃털 둘 다 1톤이니까. 질문 안에 답이 있는 셈이지.

둘 다 같은 무게이긴 하지만 벽돌 1톤은 깃털 1톤과 확실히 달라 보여. (한쪽은 화물차에 실을 수 있겠지만 다른 쪽은 창고에나 넣을 수 있겠지.) 뇌에서도 비슷한 일이 벌어져. 깨어 있을 때나 잘 때나 활동량은 같지만 표현되는 방식은 매우 달라.

뇌의 관점에서 볼 때, 수면은 '휴식' 시간이 아니야. (깨어 있을 때보다는 훨씬 조용할 테지만) 수행하는 일의 종류가 다르다고 보면 돼. 깨

 ☆ 기계나 컴퓨터가 작동하지 않는 시간을 뜻해. 잠자는 동안에는 우리 몸도 작동을 멈춘 것처럼 보이잖아.

어 있어서 모든 신체 기능이 작동 중이라 하지 못했던 일이나 매우 어려운 일을 하지.

잠자는 동안
뇌에서 일어나는
중요한 작업 중 하나는
노폐물 제거야.

뇌는 매초 엄청난 양의 일을 처리하는 수십억 개의 세포로 이루어져 있어. 세포들은 정교한 화학 반응을 일으켜서 덜 중요한 물질을 중요한 물질로 바꾸지.

그런데 대부분의 처리 과정과 마찬가지로, 사용할 수 없는 부산물들이 생겨. (나무를 태우면 재가 남듯이) 뇌는 화학 쓰레기를 엄청나게 만들어 내기 때문에 잠든 사이에 그 쓰레기들을 치워야 해.

깨어 있는 동안에도 그런 일이 일어나긴 하지만, 그것만으로는 충분하지 않아. 손이나 몸을 틈틈이 닦을 수 있지만 결국 샤워를 해야 할 때가 오잖아? 각질은 제거하는 속도보다 빨리 만들어지기 때문에 정기적으로 닦고 박박 문질러 벗겨 내야 해.

한 달 동안 몸을 씻지 않는다고 상상해 봐. 냄새가 그다지 좋지는 않을 거야.✿✿ 게다가 병에 걸릴 위험도 크지. 먼지와 각질 속에서 세균이 자랄 가능성이 높거든.

잠을 자지 않는 뇌는 여러 가지 면에서 씻지 않는 몸과 비슷해. 오염물질을 정기적으로 제거하지 않으면 사는 데 문제가 생길 가능성도 커. 그러면 무언가를 해내기 어려운 지경에 이르겠지.

자는 동안 뇌에서 일어나는 중요한 과정이 더 있어. 바로 학습과 기억의 결과를 정리하는 일이야. 뇌가 받아들인 새로운 기억이나 정보의 조각은 뇌 세포가 서로 연결되어 자리를 잡아. 자는 동안 뇌는 이런 새로운 연결을 잘 배치해서 정렬하고 처리해야 해.

 ☆☆☆ 다시 말하지만 딸아 네가 냄새난다는 뜻은 아니란다.

조그만 앵무새
케빈을 만나 보자

이런 상황을 상상해 보자. 네 친구가 작은 앵무새 한 마리를 키우기로 했고 이름을 케빈이라고 지어 줬어. 이건 새로운 정보이자 새로운 기억이지. 그런데 이 사실 하나만 네 머릿속에 자리 잡지는 않아. '나는 케빈이라는 앵무새 한 마리의 존재를 인지했다'라고만 생각하지는 않는 거지.

이런 새로운 지식이자 새로운 기억은 원래 알고 있던 지식과 기억에 연결돼. 이 경우에는 네 친구에 관한 정보와 연결되겠지. 친구가 앵무새를 키우기 시작했으니 그 친구 집에 놀러 가면 앵무새가 있을 거라고 너는 생각할 거야.

이 정보는 다른 새에 관한 기억과도 연결돼. 너는 앵무새의 생김새와 여러 특성들에 대해 상상해 볼 거야.

넌 그 새를 본 적이 없지만 케빈이 촉수를 갖고 있지 않다거나 어릿광대 신발을 신고 있지 않다는 사실을 알고 있어. 새로운 기억이 제대로 분류되었기 때문이야.

어쩌면
이렇게 생각할지도 몰라.
케빈이라니
앵무새 이름 치고는
좀 특이하네.

　새로운 기억은 네 기억 속의 여러 케빈들과 연결되는데, 아마도 남자 인간이겠지. 이제 앵무새 케빈에 대한 생각은 선명해져. 제대로 처리되지 못해서 다른 비교 대상들과 연결되지 않는다면 생각이 선명해지지 않았다는 뜻이기도 하지.

　스마트폰에 네가 좋아하는 앱과 파일을 몽땅 다운로드할 수 있지만 운영체제에 맞지 않다면 소용없어. 공간이나 차지하는 쓰레기일 뿐이야. 네 뇌도 마찬가지야. 기억과 생각에 관해서는 그래.

뇌를 한 도시만큼 큰 도서관이라고 생각해 봐.

매일, 도서관을 열자마자 책들이 들어와. 다 읽고 반납한 책과 트럭에 실린 새 책 수만 권이 들어오는 거야.

도서관 직원들은 책을 전부 분류해서 정리해. 그러지 않으면 필요한 책이 어디 있는지 아무도 찾지 못할 테니까. 직원들이 발 벗고 나서서 최선을 다하지만 끊임없이 쏟아져 들어오는 엄청난 양의 책을 감당하지 못해. 저녁이 되어 도서관 문을 닫으면 책을 실은 트럭도 오지 않지. 그제야 도서관 직원들은 책 정리를 마무리할 수 있어.

밤새 수천 명의 직원들이 책을 수레에 담아서 제자리에 꽂거나 다른 책꽂이로 옮기고, 새 책은 같은 범주의 책 옆에 꽂아 넣고, 분류 번호를 바꿔 붙여야 할 책은 새 책꽂이로 옮기지.

그곳에는 목수나 다른 일을 하는 직원들도 있어. 모두 정신없이 새 책꽂이를 만들어 세우고 낡고 빈 책꽂이를 해체하는 일을 반복해.

이 도서관은 바로 너의 뇌야. 책은 네가 매일 익히고 경험하고 기억하는 것들이지.

그럼 도서관은 언제 닫을까? 바로 네가 자는 동안에 닫아. 밖에서 보면 어둡고 조용하겠지만, 내부에서는 엄청난 양의 정보를 분류하고 처리하는 중이지.

꿈 깨자

마지막으로 꿈이라는 문제가 남았어.

이 문제는 좀 까다로워. 수면은 단순히 한 가지로만 이루어진 과정이 아니야. 몇 가지 단계가 존재하는데, 꿈은 렘(REM : Rapid Eye Movement)수면 단계에서 발생해. '급속 안구 운동'이라고도 불리는데 진짜 그런 일이 벌어지기 때문에 붙은 이름이야. 닫힌 눈꺼풀 뒤에서 눈알이 정신없이 움직이거든. 이 단계에서는 뇌가 갑자기 활기를 띠어. 렘수면 단계에서 뇌의 활동은 깨어 있을 때와 상당히 비슷해. 심장 박동과 호흡 역시 빠르게 증가하지.

왜 그런 걸까? 글쎄 우리도 잘 몰라. 정확히 왜 렘수면이 그런 방식으로 일어나는지, 왜 그 단계에서 꿈이 발생하는지 아직 밝혀지지 않았어. 하지만 (나를 포함해서) 많은 과학자들은 이런 현상이 우리가 자는 동안 뇌를 유지하기 위해 일어나는 또 다른 활동이라고 생각해. 뇌속의 모든 연결을 정리하고 수정하는 작업도 필요하지만, 뇌의 연결부들이 잘 움직이는지 확인하는 일 역시 매우 중요하겠지.

우리가 꿈을 꿀 때 그런 일이 일어날 가능성이 있어. 기억과 경험으로 구성된 수많은 연결들이 잘 작동하는지 확인하기 위해서 스위치를 켜는 중인 거야.

뇌 속의 기억이 활성화되면 우리는 되살아난 기억을 다시 경험하게 돼.

만약에 뇌 속에 있는 다양한 기억 중에서 무작위로 몇 개를 끄집어낸다면, 뇌는 그걸 조합해서 굉장히 이상한 장면으로 만들어 낼 거야. 어떤 논리도 일관성도 규칙도 없고 명확한 패턴도 없이 사건이 이어지는 식이야. 네 꿈을 생각해 본다면 수긍이 갈 거야. 하지만 그것도 뇌 안에 존재하는 기억들로 만들어졌으니 완전히 낯선 일은 일어나지 않아. 그래서 꿈을 꾸는 당시에는 그럴듯하게 보일 거야. 꿈에서 깨고 나면 아주 이상하게 느껴지겠지만 말이야.

우리는
잠을 자야 해

요점을 말하자면, 잠을 충분히 자야 뇌가 제 기능을 해. 우리의 뇌는 고성능 기계와 같아. 유지 보수 작업을 많이 해야 하지. 그런 작업은 잠자는 동안 이루어져.

물론 잠을 적게 자고도 그럭저럭 살아갈 수는 있어. 하지만 면역력이 떨어질 거야. 충분히 자지 않으면 책들은 정리되지 못할 테고 쓰레기는 쌓이겠지. 그러면 그날그날 해야 할 일을 처리하기가 훨씬 어려워져.

수면이 부족한 상태가 지속되면 상황은 악화돼. 수면이 부족하면 감정이 롤러코스터를 타듯 불안정하고 기분도 들쑥날쑥해. 그래서 짜증도 많이 나고 심지어 우울증(불규칙한 수면 패턴과 우울증은 연관성이 높아) 같은 장애를 겪을 수도 있어. 수면이 부족하면 새로운 정보를 제대로 처리하지 못하기 때문에 새로운 것을 배우고 기억하기 어려워. 또 명료하게 생각하거나 집중하는 일도 힘들지.

그런 탓에 (잠을 자지 못하는 증상인) 불면증은 굉장히 끔찍해. 만약 수면 문제를 겪고 있는 사람을 만난다면 그 사람은 대개 산만하고 짜증이 많고 멍하고 심지어 지저분하고 단정치 못한 모습일 수 있을 거야. 왜냐하면 자신을 관리하려면 집중력과 조절력이 필요한데 매우 피곤한 상태에서는 그런 능력이 부족해지거든.

자, 요약하면 이래. 지금까지 수면 중에 평범한 성인의 뇌에서 어떤 일이 일어나는지 이야기했어.

그런데 십대인 너의 뇌는 성인들보다 다뤄야 할 것이 훨씬 많아. 이것 때문에 너의 수면 욕구와 행동 방식이 달라져.

대부분의 부모님들(과 어른들)은 이 사실을 몰라. 그래서 수면 습관을 탓하면서 너를 좌절하게 하지.

여러 가지 측면에서 매우 부당한 일이지. 인생의 시기마다 필요한 수면의 양이 다르다는 사실은 딱히 낯선 이야기는 아니야. 아기들은 하루 종일 잠을 자고, 할아버지는 우리 집에 올 때마다 팔걸이의자에 앉아서 꾸벅꾸벅 졸기만 하셔. 아기를 일부러 깨우면서 아까운 시간 다 간다고 말하는 엄마가 있을까? 할아버지는 게을러빠졌다고 핀잔을 들을까? 상식적이지 않은 일이지.

부모님은 다른 사람들이 수면 욕구를 채우는 일은 괜찮다고 생각해. 그런데 왜 너한테는 너그럽지 않을까?

그건 너의 수면이 부모님 세대에게 익숙한 패턴과 너무 다르다는 사실과 관련이 있어. 부모님은 지금 세대의 달라진 행동 방식이 당황스러워서 애를 먹는 중이고.

잠들기의 어려움

네가 너무 늦게 잠자리에 드는 것은 사실이야. 너도 부정하기 힘들 거야. 부모님의 기준으로는 그래. 물론 네가 일부러 그러지는 않지. 부모님을 화나게 하려고 억지로 깨어 있는 건 아닐 테니까.

잠드는 일은 여러 요인에 영향을 받아. 뇌의 특정 영역의 활동 수준, 체온, 호르몬, 거기에 유전자까지. 이런 것들이 모두 합쳐져서 너만의 생물학적 리듬을 만들어 내. 이런 작동 시스템을 통틀어 '체내 시계'라고 해. 체내 시계는 우리가 언제 깨고 언제 잠들지를 결정하지.

체내 시계의 중요한 부분으로 멜라토닌이라는 호르몬☆을 꼽을 수 있어. 뇌의 송과체라는 영역은 날이 어두워지면 멜라토닌을 분출하기

☆ 호르몬은 화학 전달 물질이야. 혈액 속으로 방출되어서 혈관을 타고 신체의 특정한 부분이 어떤 일을 하게 하거나 몸에 특별한 변화를 일으키지. 사춘기를 겪는 네 몸은 호르몬이 넘쳐나. 그래서 질풍노도의 시기라고 하는 거야.

시작해. (송과체는 눈과 연결되어서 빛에 반응해.) 송과체에서 몸에 멜라토닌이 증가한 것을 감지하면 뇌는 "아, 잘 시간이다"라고 생각하고 몸은 피곤을 느끼면서 서서히 긴장을 풀고 잠들 준비를 하지.

　연구에 따르면 대부분의 성인들은 오후 10시경에 멜라토닌 수치가 높아져.

그렇다면 십대들의 멜라토닌 수치가 높아지는 때는 언제일까? 바로 새벽 1시야!

　따라서 부모님이 '합리적인 시간'에 잠자리에 들라고 말할 때 문제가 발생해. 부모님에게는 합리적이지만 너와 네 체내 시계에는 그렇지 않으니까. 부모님에게 오후 7시에 잠자리에 들라고 말해 봐. 그렇게 말하는 너를 비웃겠지. 부모님이 너에게 말하는 것이 딱 그래.

　너의 체내 시계는 부모님의 체내 시계와는 다르게 움직여. 그런데 대부분의 부모님들은 자신의 시계에 맞추라고 해. 그건 마치 프린터를 켜지 않은 채로 컴퓨터에 연결하려는 것과 같아. 아무리 고래고래 소리 질러도 프린터는 작동하지 않겠지.

너의 체내 시계는 유연해. 표준시간대가 다른 지역으로 휴가를 가더라도 하루나 이틀 뒤에는 수면 패턴이 그 지역 시간에 맞춰 설정될 거야. 그러면 집에서 정해 놓은 수면 시간을 따르는 일은 왜 그렇게 어려운 걸까?

십대인 네 몸속에서 벌어지는 일을 탓할 수밖에.

수면은 호르몬의 영향을 받아. 십대를 지나는 동안 네 몸에는 호르몬이 홍수처럼 넘쳐나! 그 결과 수면처럼 호르몬이 조절하는 다른 과정에도 심각한 문제가 발생해.

지금껏 살펴봤듯이 잠을 자는 동안 뇌는 쓸모없는 것들을 정리해. 십대 시절의 수면은 천둥번개가 몰아치는 동안 쓰레기를 처리하는 일과 같아. 비가 억수같이 쏟아지고 귀가 먹먹할 정도로 굉음이 울리고 엄청난 바람까지 휘몰아쳐. 그래도 쓰레기를 버릴 수는 있겠지만 쓰레기 봉지를 든 채로 울타리에 거꾸로 처박히기도 하겠지.

이것도 하나의 이론일 뿐이야. 어떤 과학자들은 십대의 기이한 수면 패턴을 스스로 좋아서 하는 일이라고 주장하기도 해.

대부분의 십대들은 늦게까지 깨어 있기를 좋아하니까.

그럴 만도 해. 낮에는 집이나 학교에서 이거 해라 저거 해라, 이리

가라 저리 가라 지시만 받잖아. 모두가 잠든 밤에는 너 스스로 하고 싶은 일을 할 수 있어. 그러니까 그 상황을 최대한 활용해서 친구들이랑 어울리거나 방에서 혼자 뭔가를 하겠지.

부모님도 밤에 자기만의 시간을 보내는 일을 소중하게 생각해. 그러니 너라고 왜 안 그렇겠어?

필요하다면 체내 시계를 멈출 수도 있어. 비디오 게임이나 다른 오락거리 혹은 카페인이나 에너지 드링크 같은 화학물질로 뇌에 계속 강한 자극을 주면 의도적으로 잠을 자지 않고 버틸 수 있어.

그렇지만 수면 욕구는 절대 사라지지 않아. 뇌와 몸은 여전히 소진되는 중이고. **언젠가는 갚아야 할 빚인 셈이지.** 결국 잠을 자러 가야 해.

소셜 미디어에서 잡담을 나누거나 게임을 하느라 늦게까지 깨어 있는 일을 몇 주간 반복하면 유연한 십대의 뇌는 새로운 생활방식에 적응해. 너의 체내 시계도 적응하겠지.

이 문제는 어찌 보면 닭이 먼저냐 달걀이 먼저냐 하는 문제와 비슷해. 체내 시계는 밤 늦게까지 자지 않아서 이상해진 걸까? 아니면 체내 시계가 이상해서 밤 늦게까지 잠을 못 잔 걸까?

개인적으로, 나는 두 번째라고 생각해. 그 이유는 말이지….

십대는 게임기, 스마트폰, 소셜 미디어, 에너지 드링크 따위로 늦은 시간까지 깨어 있다고 비난받아. 하지만 이런 것들이 발명되기 훨씬 전부터 십대들은 늦게까지 깨어 있었어.

장담하건대 너희 부모님도 자정이 넘도록 음악을 들으며 밤을 지새우거나 모두 잠들었을 때 몰래 친구를 만나러 나갔다 온 적이 있을 거야. 그러면서 지금 똑같은 일을 두고 너에게 이러쿵저러쿵한다고?

위선자들!

수 세대를 걸쳐 같은 일이 반복되고 있다는 사실은 십대들이 단순히 제멋대로 구는 게 아니라 근본적인 원인이 있다는 뜻이야. 대다수 부모님들(과 언론에 등장하는 수많은 어른들)은 그렇게 생각하지 않겠지만.

네가 다른 시간에 자더라도 적당한 수면 양을 채운다면 늦게까지 깨어 있다고 큰 문제가 되지는 않아. 하지만 너는 어른이나 초등학생보다는 많이 자야 해. 일반적인 어른은 하룻밤에 7시간에서 8시간가량 자야 해. 너 같은 십대들은 9시간에서 10시간 이상을 자는 게 몸에 좋아.

늦잠을 자는 데는 그럴 만한 이유가 있고 게으름과는 전혀 상관없어.

십대의 뇌는 중요한 점검을 진행 중이라는 말 기억할 거야. 잠을 자는 동안 반드시 처리해야 할 과정 외에도 새롭게 바꾸거나 개발해야 할 것들이 아주 많아.

앞에서 "뇌는 거대한 도서관"이라는 비유를 사용했지만, 지금 분류해서 정리해야 할 것들은 책뿐만이 아니야. 도서관 전체가 다시 설계

되고 재편성되는 중이거든. 보이지 않는 곳에서 처리해야 할 일은 훨씬 많지. 그러니까 제대로 일을 마무리 짓기 위해서 도서관은 더 오랫동안 문을 닫아야 해.

현실로 돌아와서, 자는 동안 뇌가 해야 할 일은 굉장히 많아. 필연적으로 너는 잠을 더 자야만 한다고!

부모님은 대부분 이 사실을 알지 못해. 그러니 전형적인 수면 패턴만을 강요하지. 아마 부모님의 부모님도 똑같이 행동했을 테고 조부모님의 부모님 역시 마찬가지였을 거야.

도움은커녕 해로운 양육방식이 이토록 오랫동안 계속된 까닭이 뭘까? 혹시 잔소리가 효과를 발휘하기 때문일까? 아침 일찍 일어나서 하루를 시작하라는 압박을 받으면 그렇게 할 수밖에 없으니까. 기분이 나쁘고 투덜대고 하품도 꽤 하겠지만 일어나긴 하잖아. 그럼 그렇게까지 많이 잘 필요도 없겠네?

이런 접근은 독감에 걸린 사람에게 당장 일하러 가라고 등을 떠미는 것과 같아. 힘들지만 억지로 해낼 수 있다고 해서 아프지 않다는 뜻은 아니잖아!

아픈데 억지로 일하면 대가를 치러야 해. 정작 꼭 해야 하는 일을 제대로 해내지 못하고, 만나는 사람에게 감기를 옮길 가능성도 있지. 잠을 충분히 못 잔 상태에서는 맡은 일을 제대로 해내기가 힘들어. 또 누군가가 너에게 의지하는 상황이라면 수면 부족은 아무 잘못도 없는 사람들에게 심각한 위협이 될 수 있어.

부모님이 너의 수면 패턴을 간섭할 때 바로 이런 일이 벌어져. 아플 때 억지로 일하러 가라고 등 떠미는 상황처럼 말이야. 깨우면 일어날 수 있으니까 그 시간에 일어나야 하는 건 아니야.

침팬지에게 지게차를 운전하도록 훈련시킬 수는 있겠지. 하지만 너도 잘 알겠지만, 절대 그래서는 안 돼!

수면 부족이 여러 가지 문제를 일으키고, 부모님의 좋은 의도로 수 세기 동안 십대의 체내 시계가 방해받았다면 지금쯤 누군가가 알아챘어야 하는 것 아니냐고? 좋은 지적이야. 어른들이 툭하면 내뱉는 십대에 관한 고전적인 (그리고 모욕적인) 고정관념을 생각해 봐.

그런데 이게 다 누구를 말하는 건지 알아?

잠을 제대로
못 잔 사람!

툭하면 조롱당하는 십대의 특성이 잠을 충분히 잘 수 없도록 부모님이 계속 방해해서 생겼다는 말이냐고?

분명히 다양한 이유가 있겠지만 이 또한 타당한 얘기야.

거기서 끝이 아니야. 잠을 못 자면 에너지도 줄고 정보를 기억하거나 집중하기 힘들어. 그야말로 시험공부 하는 데 최악의 조건이지. 그 시험은 앞으로 펼쳐질 인생에 영향을 끼칠 테고.

이런 일이 실제로 벌어진다니까! 너 같은 십대들은 학교에서 집중하고 정보를 기억하는 능력이 정말 중요해. 동시에 그런 능력은 계속 줄어드는 중이야. 의도는 선하지만 무지한 부모님들이 네가 필요한 만큼 잠을 자도록 두지 않으니까. 그렇다고 전적으로 부모님 탓이라고 하기는 어려워. 현대 사회는 특정한 시간에 학교에 가도록 규칙으로 정해 뒀고, 부모님은 그 규칙을 바꾸지 못해. 그저 네가 학교에 늦지 않도록 잠자리에서 나오게 하는 일이 최선이지.

앞 장에서 얘기했던 "집이 무슨 호텔인 줄 알지"라는 말이 나오게 한 의견 차이와 마찬가지로, 뇌가 작동하는 방식이 달라서 생각에도 차이가 발생해.

너도 부모님도 수면이 중요하지 않다고 생각하는 건 아니잖아. 양쪽 다 잠이 중요하다는 사실에 동의해. 하지만 언제, 얼마나 잠을 자야 하는지에 대한 부모님의 의견에 너는 동의하지 않아.

대부분의 부모님은 수면이 음식 섭취와 비슷하다고 생각해. 물론, 음식 섭취는 꼭 필요해. 하지만 너무 많이 먹거나 몸에 좋지 않은 음식을 먹을 수도 있고 또 영양소를 잘 챙겨 먹지 않거나 설탕과 지방이 많은 음식만 먹어서 몸을 혹사시킬 가능성도 있어. 그런 식습관은 식탐, 폭식, 자제력 부족을 뜻하지. 네가 그렇게 하지 않도록 막는 일도 부모의 책임이야.

수면에 대한 부모님의 생각도 같아. 필요하지만 너무 과하면 건강에도 좋지 않고, 아이가 멋대로 하게 놔둔 건 아닌가 싶기도 해. 네 건강에 해로운 것이나 나쁜 습관을 막는 일은 부모에게 달렸거든.

계속 살펴봤듯이 수면은 음식 섭취와는 달라. 더 자겠다고 마음먹는다고 되는 일이 아니야. 언제 피곤하고 그렇지 않을지 선택할 수도 없어. 수면은 호흡과 비슷해. 생명 유지에 필수니까. 그리고 네 몸속에서 무슨 일이 일어나는지에 따라 결정되는 일이기도 하지. 잠을 더 자야겠다 싶을 때 오래 잔다면 건강하다는 증거야!

네가 잠을 너무 많이 잔다고
부모님이 뭐라고 한다면,
그건 마라톤을 뛴 사람을 보고
너무 헉헉댄다고
핀잔을 주는 것과 같아.

어처구니없는 일이지.

하지만 부모님은 너에게 늘 그런 식이야.

부모님은 진심으로 너의 수면을 걱정하고 도와주려 하지. 그렇지만 오해투성이에 근거나 정보도 부족한 상황이야.

문제 진단

문제 너는 어릴 때와는 다른 시간에 많이 잔다.

부모님은 네가 그러지 못하게 막으려 하거나, 네 수면 습관을 비난한다. 하지만 이런 식으로는 아무것도 바뀌지 않는다. 너도 부모님도 행복하지 않다.

결과 툭하면 부모님과 부딪치고 정말 필요해서 자는데도 쓸데없이 잠만 잔다는 소리를 듣는다. 그 탓에 너의 정신적인 능력이 감소하고 기억력, 집중력, 흥미, 감정, 기분, 몸 상태 등등에 문제가 생긴다. 그런 상황은 부모님이 너를 공격할 구실이 된다.

해결책 수면 습관을 바로잡는 데 도움이 될 만한 몇 가지 지침이 있다. 부모님의 잔소리를 줄이는 데에도 도움이 될 것이다.

해결 방법

1. 규칙적으로 운동하자. 피곤하면 잠이 잘 오거나 더 푹 잘 수 있다. 그러니까 지칠 때까지 몸을 움직이라는 말은 일리가 있다.

2. 늦잠은 스마트폰이나 태블릿 같은 전자 기기 사용 때문에 더 악화되기도 한다. 화면에서 나오는 블루라이트는 수면에 핵심 역할을 하는 호르몬인 멜라토닌의 분비를 방해한다고 알려졌다. 그런 이유에서 요즘 나오는 최신 전자 기기들은 블루라이트 차단 필터를 옵션으로 제공한다. 필터가 있다면 사용하자.

전자 기기는 자극적인데다 '지치고 피곤해서 잠을 자야 하는' 생체 원리를 무시하고 깨어 있게 한다. 잠자기 전 한 시간 정도는 전자 기기를 꺼 두고 뇌를 식히는 것이 현명한 방법이다.

전자 기기를 손이 닿지 않는 곳에 놓아 두자. 밤에 깨서 확인하고 싶은 유혹이 (그리고 다시 잠들려고 애써야 하는 일도) 훨씬 줄어들 것이다.

3. 학교에 가야 하는 주중에는 일찍 잠자리에 들고 일찍 일어날 테니 주말에는 봐달라고 부모님에게 말해 보는 건 어떨까? 그런 상황이라면 늦잠을 잘 이유가 충분하다. 부모님은 너를 돕고 싶어 한다는 점을 기억하자. 일부러 그런 게 아닌데 부모님에게 비난 받으면 마음이 상할 테고, 부모님 역시 마찬가지다. 비난에 화를 내는 식으로 반응하면 상황은 더 나빠지고 죄책감 또한 커진다.

4. 잔소리를 듣지 않고 늦게까지 깨어 있으려면 그 시간에 뭔가 유익한 일을 하면 좋다. 공부를 더 한다든지 집안일을 도와 보자. 물론 썩 내키지는 않겠지만, 재촉에 시달리지 않고 스스로 해내는 편이 훨씬 쉬운 법이다.

이제 잠을 더 많이 자야만 하는 여러 다양한 이유들을 알게 됐을 거야. 그중 한 가지는 학교생활을 잘 해내기 위해서고. 물론 학교생활에 있어서 수면 부족만이 문제는 아니지. 또 다른 문제 속으로 가 볼 준비됐니?

3장

학교 다닐 때가 제일 좋을 때야!

이상한 점

부모님은 학교생활은 어떠냐는 질문에 집착하지만, 그 자체가 십대에게 스트레스를 준다는 사실은 모른다.

어른들에게, 아침 일찍 일어나서 가고 싶지 않은 어딘가로 가도록 강요한다고 상상해 봐. 아무런 대가도 주지 않고. 몇 시간 동안 건물에 갇혀서 어디로 가, 언제 누구와 무엇에 관해 이야기하라는 지시만 받아. 관심도 없는 과목을 공부하게 하고 시험 점수가 좋지 않으면 인생을 망친다는 식의 훈계를 들어. 그리고 이런 일은 공교롭게도 친구들에게 둘러싸여서 그 애들에게 좋은 인상을 줘야 한다는 엄청난 압박감이 뇌를 짓누르는 바로 그때 일어나.☆

어른들은 그 모든 상황을
아무런 불평 없이
참아 낼 수 있을까?
어림없는 얘기지.

이 이야기가 어쩐지 익숙하게 들린다고?
지금부터 그 이야기를 해 보려고 해.

☆ 인간의 뇌, 특별히 십대의 뇌는 다른 사람들에게 받아들여지고 사랑받는 데 집착해. 이제부터 그 이유와 그런 특징이 인생에 얼마나 큰 영향을 끼치는지 알게 될 거야.

이런 장면을 한번 떠올려 봐. 잔뜩 긴장한 채로 학교생활을 견뎌 낸 뒤 진이 빠진 채로 집에 도착했어. 너는 긴장을 풀고 편안하게 있고 싶어. 아무 생각도, 걱정도 하지 않은 채 보내고 싶은 거지. 하지만 바로 그때 부모님이 질문을 퍼부어 대.

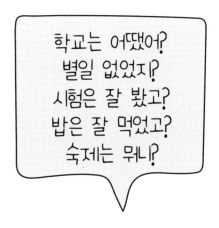

그곳에서 보낸 하루를 다시 꺼내 이야기하는 일이야말로 절대 하

기 싫은 일인데, 부모님은 그렇게 하라고 강요해.

너는 "괜찮았어"라고 대답하면서 부모님이 그 대답에 만족하고 떠나길 바라거나 "그런 얘긴 나중에 할래"라고 솔직히 말하겠지. 그러면 부모님은 너에게 거부당한다고 생각해. 또는 너에게 문제가 생겼다고 오해하고 다시 질문을 시작하겠지. 그럼 너는 더 스트레스를 받아서 고집스럽게 맞설 테고 결국 또 말싸움이 벌어져.

답이 없는 상황이야. 너는 부모님에게 학교에서 보낸 하루를 시시콜콜 이야기하고 싶지 않은데 부모님은 모조리 듣겠대.

왜 너는 학교에서 있었던 일을 말하고 싶지 않은 걸까? 나쁜 의도가 전혀 없는 행동에 그토록 스트레스를 받는 이유가 뭘까?

너도 잘 알겠지만, 많은 부모님들은 학교생활을 빌미로 매우 기발하고 독창적인 방법을 써서 자녀에게 스트레스를 주거나 잔소리를 해. 그건 좀 너무하잖아! 그러니까 네가 학교 얘기를 하고 싶지 않은 거야.

부모님은 네가 잠을 충분히 자지 않는다고 잔소리를 하고, 자꾸 아침 일찍 깨우고, 젖은 수건을 지적하면서 화를 내. 우리는 대부분의 부모님이 논리적이지 않다는 사실을 이미 파악했어. 그러면서 너더러 감정적이고 비이성적이라고?

사실, 학교에서 더 잘하라고 계속 부담을 주면 오히려 잘하기가 힘들어. 당연한 거 아니야? 부모님은 우리의 성취와 점수에 꽤나 집착하는 경향이 있어서 더 열심히 공부하라거나, 숙제를 일찍 하라거나, 학원을 다니면서 공부를 더 하라고 해.

네 학교생활이 마치 너와 부모님 모두에게 영향을 미치는 합동 작품이라도 되는 듯이 말이야. 혹시 부모님이 진짜 그렇게 생각하는 건 아닐까?

공부는 네 영역이고 네가 스스로 책임져야 하는 일이야. 그런데 왜 부모님이 네 일을 책임지려 하는 걸까? 부모님의 집착은 학교 밖에서 공부를 더 많이 시키는 상황으로 이어져. 이러면 너의 스트레스와 불안은 더 심해지겠지.

대부분의 부모들이 학교에서 더 잘하라는 의미로 계속 학교 이야기를 하는 것은 아니야. 하지만 그런 의도가 없다 해도 끊임없이 학교 이야기를 꺼내면서 질문하면 너의 스트레스는 더 심해지겠지.

따져 보면 부모님은 너의 학교생활에 크게 도움이 되지 않을 가능성이 커. 그런데 부모님은 왜 그렇게 네 인생에 간섭하고 싶어 하는 걸까?

네가 스트레스를 받는 까닭

다시 말하지만, 부모님의 마음(그리고 뇌)의 작동 방식을 이해하고 그분들이 너와는 매우 다르게 생각한다는 점을 받아들이는 일이 시작이야.

너의 학교 스트레스를 부모님이 악화시키는 것도 서로의 생각이 다르기 때문이야. 부모님은 존재 자체를 부정해. 그러니까 내 말은 부모님이 학교가 아니라 네 스트레스를 인정하지 않는다는 뜻이야.☆

이런 경험 해 본 적 있니? 부모님에게 학교 (혹은 다른 뭐든) 때문에 스트레스 받는다고 말했는데 부모님은 네 말을 끝까지 듣기는커녕 비웃으면서 이렇게 말해.

 ☆ 부모들은 절대 학교에 관해 잊지 않아. 최면을 걸어도 끄떡없을걸.

스트레스 받는다고?
그 말이 무슨
뜻인 줄은 아니?

이런 식의 반응은 문제 해결에 아무런 도움이 안 돼. 고민을 털어놓
는데 상대방이 그렇게 되묻다니…. 정말 끔찍한 일이지.

스트레스의
의미

　분명히 짚고 넘어가자. '스트레스'는 불쾌한 감정이자 비관적인 마음으로 나쁜 일을 경험할 때(괴롭힘을 당한다거나 아프거나 다치거나 싫어하는 수업을 들을 때) 혹은 생활을 힘들게 하는 무언가(집안일, 버스 혹은 지하철을 놓친 일, 과도한 숙제) 때문에 생겨.

　그렇다고 스트레스가 '전적으로 마음에 달린 일'은 아니야. 스트레스를 받은 뇌는 화학물질과 호르몬을 분출해서 근육을 긴장시키고 혈압을 올리고 심장과 호흡을 빨라지게 해. 뇌는 이런 상황을 발생하게 한 문제에 집중하고 예민하게 반응하지.

즉, 스트레스는
몸과 마음
모두 지치게 해.

이론적으로는 그래. 우리가 스트레스라고 알고 있는 건 두려움과 위험에 뇌가 본능적으로 반응한 결과야. 네가 무언가를 위협적이거나 불쾌하다고 의식하면 뇌는 그것을 처리할 수 있도록 너를 준비시켜.

이렇게 생각해 보자. 뇌가 뭔가 나쁘거나 위험한 일을 겪을지도 모른다고 감지해. 그러면 네가 편하고 행복하고 안락한 상태에서 벗어나 바짝 긴장하도록 만들 거야. 그래야 나쁜 일을 막을 가능성이 커지니까.

물론, 인생이 흘러가는 방식에 따르면 나쁜 일이 무엇이든지 간에 너는 그걸 결정할 권한도 통제할 능력도 없어. 하지만 뇌는 그런 것을 알지 못해. 그래서 너를 계속 긴장상태로 몰아가지.☆

스트레스의 의미를 모른다고 해서 경험해 본 적 없다고 말할 수는 없어. 우리는 뭔가를 완전히 이해하지 않고도 사용할 수 있잖아.

자동차 엔진이
어떻게 작동하는지
모르는 부모님도 꽤 많아.
그래도 운전 잘하시잖아.

☆ 이 부분을 읽었으니 너는 스트레스에 관해 제대로 아는 사람이야. 부모님이 "네가 스트레스가 뭔지 알기나 하냐"라고 한다면 이제 안다고 당당하게 말씀드려.

논리적으로 생각해 보자. 스트레스를 받는다고 말하면 부모님의 반응은 보통 이런 식이야.

"아니, 네가 무슨 스트레스를 받아?"

이러면 대화를 못 하지! 누구도 네 머릿속에서 벌어지는 일에 이래라저래라 할 수 없어! 누가 힘들다고 하는데 그렇지 않다고 말해서는 안 되는 거잖아.

이 전략을 부모님의 잔소리에 사용하면 이렇게 될 거야.

과연 대화가 가능할까? 부모님은 미안하다며 기대를 전부 내려놓을까? 아니면 화가 5만 배 정도 더 치솟을까? ✿

요점은, 부모님이 너도 스트레스 받는다는 사실을 인지한다면 너의 학교 스트레스에 또 스트레스를 더할 일은 없을 거라는 거야.

왜 부모님은 네가 스트레스 받는다는 사실 자체를 받아들이지 못하거나 인정하지 않으려는 걸까? 그분들도 어쩌지 못한다는 사실이 화가 나기 때문일지도 몰라. 그것이 부모님의 솔직한 심정일 거야.

네가 학교생활이 힘들다고 할 때 부모님(그리고 다른 어른들)이 어떻게 반응하는지 살펴보자. 아마 부모님에게 듣는 말 중 제일 짜증 나는 말을 듣게 될걸?

"감사한 줄 알아라. 학교 다닐 때가 인생에서 가장 좋을 때니까."

지금도 이토록 힘든데,
앞으로도 더 나빠질 것이
틀림없는 상황을 감사하라니
이 얼마나
큰 도움이 되는
조언이니!

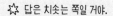 ☆ 답은 치솟는 쪽일 거야.

너의 인생에서
가장 좋을 때

부모님을 포함한 어른들은 왜 그렇게 말하는 걸까? 그분들의 학창 시절은 축제의 연속이었던 걸까? 학교에서 매일 워터 슬라이드도 타고 동물 체험도 하고 그랬던 걸까?

아니야. 부모님은 자신이 학교에 다니던 시절의 상황이 얼마나 최악이었는지 말할 기회가 생기기만을 기다릴걸. 인터넷도 계산기도 없던 시절의 이야기 말이야. 교과서와 시간표를 달달 외우고 학교까지 산 넘고 물 건너 왕복 10킬로미터 거리를 걸어 다녔다고 하겠지.

부모님의 나이가 좀 있는 편이라면, 지시봉이나 슬리퍼로 사정없이 때리던 참된 교사에 관해서 이야기할지도 몰라.

그래, 학교 다닐 때가 인생에서 가장 좋은 시절이라면서 정작 자신의 학창시절은 얼마나 끔찍했는지 털어놓는 부모님도 있어.

그 말이 사실이라면 지금 그분들은 끔찍한 삶을 살고 있어야 돼. 그런 분들의 조언이 도움이 될까?

그렇게 앞뒤가 맞지 않는 이야기는 진실이 아닐 가능성이 높아. 그럴 리가 없잖아. 하지만 어른들은 진실이라고 믿어. 그분들의 기억에 따르면 지금에 비해 학창시절의 스트레스가 덜했던 것처럼 느껴지는 거야.

이런 일이 생기는 까닭은 우리 뇌가 절대적이거나 변함없는 가치는 다루려 하지 않기 때문이야. 배우고 성장하고 발달하면서 사물에 대한 생각, 이해, 감정, 즉 우리의 관점도 변하거든.

십대인 너는 누구보다 이 사실을 잘 알고 있어. 자주 겪는 일이니까. 최근 들어 더 그랬을 거야.

어렸을 때는 놀이공원에서 회전목마 타는 게 그렇게 신났지? 지금은 그쪽을 쳐다보지도 않을 거야. 대신 롤러코스터를 타려고 줄을 서겠지. 그래도 회전목마는 변함없이 그곳에 있어.

부모님은 한때 의심할 여지가 없는 권위자이자 네 존재의 중심이었어.

이제 그분들은
너와 함께 살면서
네 삶을 쥐고 흔들려고 하는
성가신 존재가
되었지.

그래도 네 부모님은 그때나 지금이나 같은 사람이야.

사람은 성장하면서 변해. 사물에 관한 느낌도 변하기 마련이고.

부모님은 너보다 훨씬 나이가 많아. 그 말은 너보다 '경험'이 많다는 뜻이기도 하지. '경험'은 생각하고 반응하는 방식, 특히 스트레스에 매우 큰 영향을 미쳐.☆

아이스크림을 예로 들어 볼게.

☆ 경험이 풍부할수록 어른들은 스스로 더 현명하다고 생각해. 뒤에 나오겠지만, 스트레스에 관해서는 경험 많은 어른들도 틀릴 때가 많아.

스트레스라는
아이스크림

  네가 아이스크림을 좋아한다고 해 보자. 넌 바닐라 맛 아이스크림만 먹어 봤어. 다른 맛을 일부러 피한 건 아니야. 그냥 다른 맛의 아이스크림이 있다는 사실을 몰랐어. 아무도 그런 얘기를 해 주지 않았고 다른 맛을 파는 아이스크림 가게에도 가 본 적이 없는 거지.

  너는 아이스크림을 정말 좋아하지만 아이스크림에 대한 네 이해와 경험의 폭은 좁겠지.

  그러던 어느 날 우연히 제대로 된 아이스크림 전문점에 들른 거야. 초콜릿, 딸기, 헤이즐넛, 쿠키앤크림, 솔티드 캐러멜 등등 온갖 종류의 아이스크림이 있었어.

  너는 새로운 맛의 아이스크림이라는 신세계에 빠져들겠지. 수많은 아이스크림을 다 맛보고 나면 바닐라 맛 아이스크림이 주었던 즐거움은 사라져 버릴 거야.

  시간이 흐른 뒤에도 바닐라 맛은 변하지 않아. 너는 변했지만 말이야. 너는 다양한 맛을 경험했지. 따라서 아이스크림에 대한 너의 지식과 감상은 엄청나게 성장했어.

이번에는 부모님 관점에서 볼까? 부모님에게 아이스크림은 스트레스와 같고, 아이스크림 전문점은 성인기(adulthood)와 같아. 성인기의 경험은 네가 아이스크림 전문점에게 받는 느낌과 달리 정말 끔찍해. 차가운 아이스크림을 먹을 때 이가 시리고 머리가 띵한 것처럼.

부모님도 너처럼 학교를 힘든 곳이라고 생각했을 거야. 하지만 졸업을 하고 훨씬 더 크고 다양한 스트레스를 경험했지. 그래서 부모님은 '진짜' 스트레스가 뭔지 잘 안다고 생각해.

부모님 생각도 일리가 있어. 학교는 분명 힘든 곳이지. 너에게 요구하는 것이 너무 많잖아. 시험도 정말 싫지. '시험 성적이 떨어지면 너와 네 친한 친구 세 명을 퇴학시킨다' 같은 규칙이 있다면 그야말로 최악이겠지? 부담감 때문에 병이 날 수도 있어.

부모님의 삶이 그래. 돈을 벌고 생활비를 감당하기 위해 일을 해야 하는데, 직업이 만족스럽지 않을 확률이 높아. 부모님이 일을 하지 않으면 너희 가족은 굶어야 할지도 몰라. **부모 노릇을 한다는 건 자신뿐만 아니라 가족 전체를 돌보고 먹여 살려야 한다는 뜻이야.**

부모 역할의 최고 수준은 꽤 높고 최저 수준은 한참 낮아. 부모님이 무엇을 하느냐에 따라 결과가 여러 가지로 나타나는데, 특히 실패할 경우 감당해야 할 것들이 많지. 이런 결과를 피하기 위해서 부모님은 더 많은 책임을 짊어져야 해.

의심할 여지없이 스트레스가 엄청날 거야.

얄궂게도 어른이 되어서 하는 일 중 가장 큰 책임과 스트레스가 따르는 일이 아이를 갖는 거야. 즉, 부모가 되는 일이지.

자신이 만들어 낸 조그맣고 아무 힘도 없는 인간의 생존을 책임지고 지켜 내는 일은 엄청난 사건이야.

인정하기 싫겠지만 네 부모님은 너보다 스트레스 경험이 훨씬 많아. 네 부모님이니까 더더욱.

그 결과 네가 학교생활에서 겪는 스트레스로 불평하면 부모님이 널 약간 무시하는 듯 보일 수 있어. 부모님 입장에서 너는 열두 가지 맛이 나는 아이스크림 케이크를 먹는 부모님 앞에서 바닐라 아이스크림이 최고로 맛있다고 소리치는 어린아이 같거든.

네 모습이 눈앞에 그려진다. 고개를 절레절레 흔들면서 부정하고 싶겠지.

4살짜리 꼬마가 어린이집에서 얼마나 스트레스 받는지 불평한다면 너는 어떤 반응을 보일까.

솔직히 말하자면,
그건
스트레스가 아니라
모래놀이를 할까
색칠놀이를 할까
아니면
색칠놀이를 할까
모래놀이를 할까 정도의
고민 아닐까?

지금까지 한 이야기는 일종의 해명이야. 핑계나 변명이 아니라. 부모님이 더 많은 스트레스를 견딘다는 사실을 인정한다 해도 너에게 바뀌는 건 없어. 누군가가 폭파 사고로 두 다리를 잃었다는 얘기를 듣는다고 삐끗한 네 다리의 통증이 사라지지 않듯, 다른 사람이 더 스트레스 받을 수 있다는 사실을 안다고 네 스트레스가 줄지는 않는다는 뜻이지.

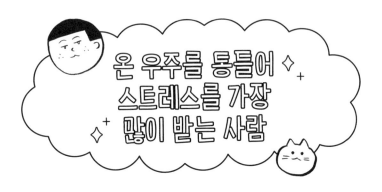

온 우주를 통틀어 스트레스를 가장 많이 받는 사람

그러면 부모님의 스트레스가 더 크니까 너는 스트레스 받는다고 불평하지 말아야 할까? 이 세상 어딘가에는 부모님보다 훨씬 더 스트레스를 많이 받는 사람이 존재할 텐데? 그러면 부모님도 스트레스 받는다고 불평하면 안 되겠네?

그 사람보다 스트레스를 더 받는 사람도 분명 있겠지? 그럼 그 사람들보다 더 스트레스 받는 사람도 있겠네? 이런 논리를 따라가다 보면 이 세상에서 스트레스를 가장 많이 받는 한 사람이 나올 거야. 그 사람만이 스트레스에 대해 불평할 수 있겠지. 다른 사람들은 모두 입 다물고 있어야 해.

하지만 세상은 그런 식으로 돌아가지 않아. 그렇게 생각하는 부모님이 있다면 그야말로 대책 없는 분들이겠지.

상황이 나빠질 것이 분명한데도 일부 부모님들이 학교생활의 스트레스를 호소하는 자녀의 말을 못 들은 척하는 까닭이 조금이나마 이해될 거야.

물론 모든 부모님이 그러지는 않아. 혹시 그런다 해도 부모님이 네 학교생활에 관심이 없다는 뜻은 아니야. 부모님이 네 학교생활을 알고 싶어 하는 것은 당연한 일이야.

네가 하는 일에 부모님이 관심을 보이면 좋잖아? 부모님이 걱정해 주면 안심되지 않아?

뭐, 반드시 그렇다고 하기는 어렵겠지. 부모님의 관심이 과한 경우도 있으니까.

그럴 수 있어. 부모님은 네 생활에 전적으로 관여하고 모든 필요를 채워 주면서 오랜 시간을 보냈어. 너는 꽤 오랫동안 부모님의 진두 지휘 아래 있었지. 하지만 이제는 부모님의 시야에서 벗어나 다양한 장소에서 다양한 사람들의 말을 듣고 새로운 것을 배우면서 매일을 보내. 부모님 없이 말이야.

앞에서 봤듯이
성인의 뇌는 변화에
잘 대처하지 못해.
특히 부모님은
이런 네 상황의 변화를
쉽게 받아들이기 힘들지.

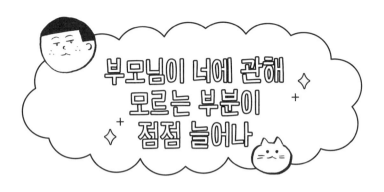

부모님이 너에 관해 모르는 부분이 점점 늘어나

너에게 단짝 친구가 있다고 상상해 봐. 너와 그 친구는 걸음마를 뗄 때부터 아주 가깝게 지냈어. 두 사람은 모든 것을 함께했어. 옆집에 살고, 밥도 자주 같이 먹고, 서로의 집에서 함께 자기도 했지. 그러다 갑자기 친구네가 이사를 간 거야. 친구의 엄마가 새로운 직장을 얻었 거든. 아주 먼 곳으로 가지는 않아서 자주 만나 놀지만, 서로 다른 학교에 다니게 되었지. 당연히 다른 친구를 사귀고.

자, 네가 그 친구를 만났을 때 그 친구에게 네가 모르는 다른 친구가 있다는 사실을 모른 척해야 할까? 아니면 네 인생에서 큰 부분을 차지했던 친구가 너 없는 동안 어떤 일을 하는지 알고 싶으니까 새로 사귄 친구와 뭘 하는지 물어볼까?

답은 두 번째일 거야.
그럴 수밖에.

부모에게 자녀가 학교에 가는 일이 딱 그래. 다만 그 궁금증이 오백만 배쯤 더 강하겠지.

부모님은 학교에서 어땠는지 너에게 물어봐야만 해. 어떻게 안 그러겠어? 하지만 그러다 문제가 생겨.

어린이들은 부모님이 자신의 인생 한가운데에 있다고 생각하니까 부모님이 던지는 질문이 싫지 않아. 자신이 겪은 일을 이야기하고 부모님의 관심을 받고 싶은 나이잖아.

하지만 십대는 뇌가 급속도로 변하는 중이어서 독립과 새로운 경험을 향한 열망을 불태우고 권위를 혐오하게 돼. 네가 학교에서 어떻게 생활하는지 알고 싶은 부모님의 욕구 탓에 너는 스트레스를 받고 짜증이 나. 관심이 아니라 통제로 느껴질 테니까. 이런 상황에서 부모님은 너와 엄청나게 멀어진 기분이 들어. 네 생활과 부모님의 생활에도 거리가 생길 테지. 하지만 네 입장에서는 부모님이 쓸데없이 불안해한다고 느껴질 거야.

부모님이 한 발 물러서서 네가 할 일을 하도록 내버려 뒀으면 하고 진심으로 바랄 거야. 하지만 부모가 된다는 것은 자녀에게 끊임없는 관심을 기울인다는 뜻이기도 해. 지나친 관심이라 해도 말이야.

부모님의 뇌가
그냥 두지 않거든.

그래서 문제가 생겨. 학교에서 일어나는 일들이 썩 유쾌하지만은 않잖아. 괴롭힘을 당하고, 친구와의 사이가 틀어지고, 성적을 엉망으로 받고, 벌을 받고, 곤란한 상황에 처하고, 이 모든 일들이 학교에서 벌어지니까.

너는 그런 일에 대처하는 방법을 잘 안다고 생각할 거야. 학교생활에 익숙하고 직접 겪는 일인데다 언제, 어떻게, 왜 일어나는지도 훤히 꿰고 있으니까. 하지만 부모님은 그렇지 않아. 만약 네가 부모님에게 그런 이야기를 한다면 상황은 악화될 가능성이 커.

친구들이 수업 중에 장난을 쳤는데 너도 그 애들과 함께 방과 후에 남는 벌을 받았다고 생각해 봐. 너는 장난에 가담하지 않았지만 선생님은 네가 그 애들과 친하다고 생각해. 그러니 너도 같이 장난을 쳤을 거라고 본 거지. 어이없게도 이런 일은 꽤 자주 일어나.

정말 부당한 일이지. 답답해서 죽을 지경이겠지만 그렇다고 세상이 끝나지는 않아.

어쩌면 너는 그 수업 시간에 장난을 친 적이 있을 거야. 전에는 걸린 적이 없었을 뿐이고. 선생님은 점잖은 분이지만 마침 오늘 기분이 안 좋을 수도 있어. 어쩌면 선생님도 딱히 좋은 분은 아니어서 툭하면 그런 식으로 아이들을 벌줬기 때문에 모두가 싫어할 수도 있어. 그래서 다들 네 편을 들고 너는 아이들과 한편이라고 느끼면서 소속감을 확인하겠지.

즉, 너는 전체적인 상황을 그려 볼 수 있고 최선의 결과를 낳으리라고 생각되는 방향으로 문제를 다룰 줄 안다는 거야.

하지만 부모님은 네가 고려했던 전반적인 상황을 알지 못해. 그런 것까지 아는 일은 불가능하지. 네가 설명한들 부모님 귀에 들리는 말이라고는 "방과 후에 남는 벌을 받았어요. 안 그랬어야 했는데"뿐이겠지. 부모님은 네 편을 들면서 화를 내. 학교에 전화를 걸어서 그 선생님을 해고하라고 언성을 높이면서 네 친구들에게 책임을 떠넘기고 벌을 받아야 하는 것은 그 애들이라고 주장할지도 몰라.

여기서 짚고 넘어가야 할 점은, 부모님은 다음 날 선생님과 친구들을 만날 일이 없다는 거야. 그래야 하는 사람은 바로 너지. 이런 상황에서 네가 절대 일어나지 않기를 바라는 일이 바로 부모님의 개입이야. 많은 부모님들은 자식 일에 개입할 때 이성을 잃는 것 같아. 결국 문제를 해결하기보다는 네가 감당해야 할 스트레스만 늘어나는 경우가 많지.

시험 점수가 좋지 않다거나 잘못을 저질러서 방과 후에 벌을 받았다고 부모님에게 털어놓는다면 부모님은 고래고래 소리를 지르면서 '자신을 실망시키는 일'을 했다고 또 벌을 줄 거야. 물론 여기에도 논리는 있어. 네가 뭔가를 잘못했고 부모님은 네가 그런 잘못을 반복하지 않기를 바란다는 것. 하지만 누가 일부러 그러겠어?

네 부모님은 분명히 널 과잉보호하고 있어.

너도 신경을 안 쓰는 건 아닐 거야. 부모님에게 상처 주고 거부하려는 의도로 학교 이야기를 하지 않는 건 아니잖아. 전반적인 상황을 고려할 때 부모님의 요구는 너무 과해. 결국 너는 이래도 저래도 힘든 상황에 처하게 되지. 부모님을 실망시키거나 네가 스트레스를 더 받거나. 차라리 부모님을 실망시키는 편이 더 쉬워. 앞서 말한 것처럼 그렇게 하면 엄청난 과민반응을 겪지는 않을 테니까. 너는 십대의 뇌를 지녔고, 이미 겪은 일을 되풀이해서 말하기보다 새로운 경험을 하고 싶은 마음이 간절할 거야!

또
무슨 일이야?

넌 걱정하면서 애지중지하는 부모님과 소통하지 못한다고 죄책감을 느낄 필요는 없어. 부모님도 마냥 헌신적이기만 한 존재는 아니거든.

앞에서 나는 네 교육 문제가 너와 부모님의 합동 작품 같다고 농담을 했어. 스스로 깨닫지 못하더라도 많은 부모님들이 정확히 그렇게 보고 있어.

대부분의 부모님들은 '좋은' 부모로 인정받고 싶어 해. 그걸 결정하는 중요한 요소는 '당신의 자녀가 학교에서 얼마나 잘하느냐'야. 결국 자녀 양육은 부모의 몫이니까. 많은 사람들이 너의 행동, 능력, 지능이 양육의 직접적인 결과라고 생각해. 그러니 학교에서 뭐라도 잘못하면 네 부모님이 이상적인 부모가 아니라는 뜻으로 비치겠지.

네가 학교에서 잘못을 저지르면 부모님부터 언급돼. 옳은 일 같지는 않아. 너에게나 부모님에게나 마찬가지야. 하지만 어쩔 도리가 없어.

이웃의 딸이 전 과목 백 점을 맞았고, 다리를 하나 잃은 강아지에게 신길 양말에 복합 방정식 문양을 수놓았다는 이야기를 듣고 마냥 기분이 좋을 부모는 없지. 특히나 자기 자식이 으슥한 골목에서 10살짜리에게 돈을 뺏다가 정학을 당한 상황이라면 더욱 기분이 안 좋겠지.

부모 입장에서 그런 일은 치욕이기 때문에 부모님은 네가 학교에서 최선을 다하고 있지 않다는 낌새만 채도 과하게 반응하는 거야.

이 문제는
가족 간의 긴밀한
유대관계와 관련이 있어.
원하든 원치 않든
가족은 서로의 삶에
늘 영향을 끼치니까.

이런 이유로 부모님은 네 학교생활에 관해 계속 질문을 하는 거야. 십대에게 그 얘기는 피하고 싶은 주제일 뿐이지. 그래서 의견 차이가 생기고, 스트레스를 받고, 갈등이 일어나고, 말다툼을 하는 거야.

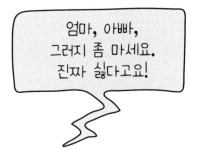

엄마, 아빠,
그러지 좀 마세요.
진짜 싫다고요!

부모님이 네가 학교에서 스트레스를 받을 까닭이 없다고 생각한다면 네가 겪는 문제를 부모님께 말할 이유도 없지 않을까? 그리고 부모님이 진심으로 네 학교생활에 관심을 갖고 궁금해한다고 해서 네 앞에 놓인 문제가 사라지지는 않아.

네 머릿속에서는 여러 일들이 일어나지만 부모님은 어떤 것도 제대로 알지 못해. 늘 헛다리짚기 일쑤지.

우선 네가 느끼는 감정은 부모님보다 훨씬 더 직접적이고 강렬해. 부모님의 감정이 자동차 오디오에서 흘러나오는 소리라면 네 감정은 공연장 대형 스피커에서 울려 퍼지는 소리라고 할 수 있어.

감정은 기억의 상당 부분을 차지해. 우리 뇌가 작동하는 방식에 따르면, 감정반응이 강렬한 경험일수록 더 잘 기억하는 경향이 있어.

여기엔 단점이 있지. 감정적인 기억을 꺼낼 때마다 우리는 그 감정을 다시 경험해. 기억을 떠올리는 동안 머릿속으로 당시 경험한 일을 '보는' 식이지. 그러면서 같은 기분을 다시 느끼는 거야.

낮 동안 너는 강렬하게 일어나는 감정들을 억제하면서 시간을 보내. 그래야 당황하거나 과민하게 반응하지 않을 테니까.

부모님은 그런 일이 일어나는 상황을 직접 보지는 못해. "학교는 어땠어?"는 아주 단순하고 무해한 질문인 셈이야. 점심으로 뭘 먹었느냐 혹은 무슨 TV 프로그램을 보느냐처럼.

네 관점에서 보면, 온종일 좁고 위험한 다리 위에서 무거운 짐을 나르다가 돌아왔는데 부모님이 어떤 식으로 일했는지 확인하고 싶다면서 처음부터 재연해 보라는 거야.

두말할 것 없이 너는 그러고 싶지 않아. 하지만 그럴수록 부모님은 네가 왜 그렇게 반응하는지 알아내려고 애쓸 테지.

몇 번을 이야기하지만, 십대의 뇌는 독립을 원하고 권위에 저항하도록 설정되어 있어. '십대의 반항'이라는 고정관념이 생긴 것도 그 때문이야. 학교에서도 종종 봤을 거야. 그저 자신을 과시하기 위해서 수업을 일부러 방해하는 학생들 말이야.

너도 그런 학생일지 모르지. 만약 그렇다면 너는 네 나이였을 때의 나를 겁주는 아이겠구나. 이젠 다 지난 얘기지. 진짜야!

아무튼, 일반적인 십대의 뇌는 뭘 할지 지시를 받아도 잘 반응하지 않아.

학교에서는 7시간 내내 지시를 받으며 앉아 있긴 하지.

참신하고 새로운 것을 추구하는 뇌는 친구들의 칭찬과 인정 같은 즉각적인 보상이 따르는 경험을 먼저 처리하려고 해. 너는 무미건조하고 복잡한 교육 자료에 집중해 보려고 발버둥을 칠 테지만 말야.

다행히 대부분의 십대들은 반항적이고 권위에 저항하려는 충동을 어떤 식으로든 통제할 능력과 의지가 있어. 힘이야 들겠지. 하지만 학교와 일반적인 배움의 과정이 어렵다고 포기하거나 짜증만 내고 있는 건 좋은 방법이 아니야. 너는 학교에 적합하지 않은 뇌로 학교생활을 잘 견뎌 내는 중이고 그럴 만한 능력이 있으니까.

다행히 집에서는 마음 편히 쉬면서 스스로 결정할 수 있는 일도 있잖아?

물론 (네 인생에서 중심이 되는 권위적 인물인) 부모님은 계속 정보를 얻기 위해서 너를 관찰하면서 뭘 하고 지냈는지 알려 달라고 하겠지.

학교에서 하루 종일 지시를 따르고 평가받은 터라 집에서도 똑같은 일을 겪으면 십대의 뇌는 제대로 반응하지 못해. 그 결과 학교생활이 어땠는지 선뜻 부모님에게 말하기 어려워.

예를 들어 온 신경을 집중해서 아주 작은 부품으로 모형을 만드는 중인데, 누군가가 "뭐 하니?"라고 물으면서 네 대답을 기다리며 주변을 서성인다면 어떨까? 악의 없는 호기심일 테지만, 그 사람은 별로 중요하지도 않은 자신의 욕구를 충족하려고 네 시간을 희생하길 강요하는 셈이야.

학교생활에 관해서 계속 물어보는 부모님도 그와 비슷해.

네 학교생활을 도와주고 싶은 마음에서 그러겠지만 부모님의 그런 질문은 분노와 좌절감을 일으키기 십상이야.

인간의 뇌는 참 이상해. 즐겁지 않더라도 도전의식을 느끼는 일에 시간과 노력을 쏟아부으면 묘하게도 그 일을 향한 애착이 커지거든.

학교생활도 마찬가지야. 학교에서 일어나는 일을 처리하는 건 너의 일이야. 이 사실은 매우 중요해. 부모님이 도와주겠다고 불쑥 끼어들면 네가 느끼는 약간의 독립심마저 앗아가려는 것처럼 생각될 가능성이 있어.

또 시간과 노력을 엄청나게 들인 일(학교처럼)에 네가 이미 스트레스를 받고 있는데 부모님이 도움을 주려고 시도한다면 오히려 심각한 좌절감을 느끼게 되기도 해. 부모님이 넌 못한다거나, 네가 일을 그르치고 있다거나, 너를 믿지 못하겠다고 말하는 상황과 비슷해. 그러면 일은 더 꼬이고 말지.

이 사실을 확인하고 싶다면, 여행을 갈 때 부모님의 운전을 도와봐. 주차 공간이 어디 있는지 확인하고, 주차할 때 주변을 봐 주고, 다른 차들 조심하라고 계속 주의를 주는 거야. 부모님이 인내심을 잃고 화내기까지 얼마나 걸리는지 잊지 말고 체크해.

부모님이 학교에 대해
계속 물어볼 때의
너와 비슷할걸.

생각해 봐야 할 또 한 가지는 좀 낯설게 들릴지도 모르겠다. 집에 있을 때나 부모님이 옆에 있을 때의 너는 학교에 있을 때의 너와는 다른 사람이야. 너는 이 '사람들'을 분리해 두고 싶어 해.

이런 상황은 너의 뇌가 이미 저장된 정보들을 사용해서 다양하고 흥미로운 일들을 처리하기 때문에 발생해. 예를 들면 뇌는 네가 처한 상황을 재빨리 인식하고 자동으로 그에 맞는 반응을 떠올려.

식당에 가면 어떻게 행동해야 하는지 알잖아? 수영장에서 어떻게 행동해야 하는지도 알지. 두 장소가 다르다는 사실도 알아. 그래서 너는 수영복을 입고 식당에 가지 않고 공중 목욕탕에 가서 수영을 하지도 않아.

뇌는 어울리지 않는 정보를 따로 분리해서 보관하는 일에 탁월해. 이 사실을 근거로 우리가 각기 다른 사회적 상황에서 다른 자아나 다른 정체성을 드러낸다고 주장하는 사람들도 있어. 이런 현상은 친숙하지만 뚜렷이 구분되는 상황에서 특히 두드러져. 학교와 집처럼 말이야.

그렇다고 환경이 다를 때 완전히 다른 사람이 된다는 뜻은 아니야. 학교에서는 냉정한 바둑 기사였다가 집에서는 화가 잔뜩 난 래퍼로 지내는 식이 아니라고. 너의 핵심을 이루는 성격은 변하지 않아. 어떻게 행동하고 반응할지가 그때그때 바뀌는 거지.

방의 벽지와 카펫을 바꿨을 때와 비슷해. 방의 크기와 모양은 그대로지만 방의 분위기가 완전히 달라지는 것처럼.

요약하면, 학교에서 너는 학교에 맞는 방식으로 생각하고 행동하고 반응할 테고, 집에서는 학교와는 다른 방식으로 생각하고 행동하고 반응할 거야. 너에게 주어지는 기대가 다르고 너의 주변에 머무르는 사람들의 나이와 성격도 다르니 당연히 집에 있을 때의 '너'와 학교에 있을 때의 '너'는 다르겠지.✿

부모님도 마찬가지야. 네 부모님은 직장에서 일할 때의 행동과 집에서의 행동이 같을 것 같니? 너희 엄마가 의사라고 생각해 봐. 엄마가 병동을 돌아다니면서 환자에게 당장 침대에서 일어나서 붕대를 깔끔하게 동여매라고 잔소리할까? (아니길 바라자.)

너는 환경이 달라지면 그에 맞게 다른 사람이 돼. 뇌가 일을 처리하는 방식이 그래. 그런데 이런 여러 가지 인격들을 합쳐야 하는 상황이 닥친다면 문제가 복잡해지고 넌 괴롭겠지.

밖에서 부모님이나 친구랑 있는데 선생님을 만난 경험 있지? 진짜 이상하고 불편하잖아?

학교 밖에서는 선생님들을 만날 일이 좀처럼 없지. 그 탓에 선생님은 학교에서 사는 것처럼 느껴지기도 해. (혹시 캐비닛 속에 똑바로 서서 자는 건 아닐까, 세상만사 귀찮은 뱀파이어처럼?) 선생님과 있을 때의 네가 부모님이나 친구와 함께 있을 때의 너와는 다른 탓도 있어. 한 번에 두 가지 모습을 어색하지 않게 연출한다면 머릿속에 규칙 두 가지가 잘 확립되었다는 뜻이기도 해.

 ✿ '너'라는 말을 너무 많이 해서 미안해. 내가 좀 흥분했어.

그건 좋아하는 프로그램이 두 가지일 때와 같아. 하나는 엉뚱 발랄한 코믹 만화영화고 또 하나는 도끼질과 피가 난무하는 드라마지. 둘 다 좋지만 두 번째 드라마의 사실적이고 잔인한 전쟁 장면에서 장수를 태운 말이 불쑥불쑥 빈정대는 대사를 내뱉으면 어떨까? 아마 엉망이 되겠지.

집에 돌아온 너에게 부모님이 무심코 학교생활에 관해 묻는 일도 그와 비슷해.

부모님은 '학교에서의 너'에 관해 이야기하고 싶겠지만 너는 이제 '집에서의 너'잖아. TV에서 프로그램 하나를 다 보고 다른 프로그램을 보는데 부모님이 자꾸 시청을 마친 첫 번째 프로그램을 다시 틀려고 해. 그러면 문제가 생기겠지.

막 시청을 마친 프로그램을 부모님이 몰랐으면 좋겠다면? 솔직히 집에서는 감히 할 수 없는 부모님 이야기를 학교에서 한 적이 있잖아? 부모님이 했던 어이없는 말을 비웃고, 부모님이 터무니없는 요구를 했다며 황당해하고, 최근 부모님에게 들은 잔소리를 두고 험한 말을 쏟아내.

안 될 게 뭐야? 학교에는 부모님이 없어. 그게 중요한 거지. 조롱이건 불평이건 부모님은 십대로 지내는 너에게 핵심적인 존재고, 모두가 공유하는 공통 소재인데다 집에서는 절대 표현하지 못하던 생각이나 원망을 드러내면 묘한 쾌감이 느껴질 거야.

이런 상황은 너의 뇌가 '학교에서의 너'를 네 부모님으로부터 가능한 한 멀리 떨어뜨려 놓았다는 사실을 뜻해. 부모님이 뭐라고 한들 들리기나 하겠어?

문제 될 것 하나 없지.

정신 건강에도 도움이 되니 필요한 행동이야.

부모님은 안 그러리라고 생각하지는 않겠지? 세상에서 제일 헌신적인 부모일지라도 직장이나 친구 모임에서 네가 한 말이나 행동이 얼마나 짜증 나는지 이야기할 거야. (어떤 분들은 다른 이야기는 거의 하지도 않아.)

묘하게도
십대와 부모의
공통점 중 하나가
서로에 대한 불평을
열정적으로
쏟아낸다는 점이야.

즉, 너는 부모님이 학교에서 무슨 일이 있었는지 알고 싶어 할 때 짜증이 나. 십대들은 특별히 학교 스트레스에 취약하거든. 뇌가 지각 변동을 겪는 중이니까. 학교 생각에서 벗어나는 일은 뇌가 회복할 시간을 갖는다는 점에서 꼭 필요해.

좋은 뜻이라 할지라도 부모님의 간섭은 학교 생각에서 탈출할 기회를 빼앗고, 생각과 기능이 최고조에 달할 가능성을 떨어뜨려.

게다가 학교와 부모님의 관계를 부정적인 방향으로 끌고 가기도 해. 그래서 학교에서의 일을 상의하려다가도 부모님의 행동 탓에 금세 마음을 접지.

간단히 말해서 네 학교생활에 관여하려는 부모님의 노력은 오히려 역효과를 낳아.

그럼에도 부모님은
질문을 멈추지 못하지.
언제쯤 깨달으실까?

문제 부모님은 학교 스트레스를 키운다. 네 경험을 무시하거나 과소평가하는 방식, 또는 네 경험을 가지고 토론하려 하거나 네 생활에 간섭하는 식이다.

결과 이 모든 스트레스가 너의 학교생활에 부정적인 영향을 끼친다.

해결책 다른 경우와 마찬가지로, 무슨 일이 일어나고 있는지 제대로 아는 것만으로도 스트레스를 줄이는 데 도움이 된다.

1. 학교를 좋아하고 즐기려는 학생들은 스트레스를 받거나 반항적으로 행동하지 않을 가능성이 높다. (표면상 그러는 것도 아니다.) 그런 아이들은 스스로 독립적이라고 생각하고 학교생활을 즐긴다. 학교에서 좋아하고 잘하고 싶은 일이 있다면 거기에 집중하는 것도 좋은 방법이다. 독립심과 통제력을 기르는 데에도 도움이 된다. 그렇다고 모든 문제가 해결되지는 않겠지만, 스트레스를 줄이고 삶에 행복을 더해 줄 것이다.

2. 차분히 문제를 적고 말로 설명해 본다. "신경이 쓰이는 문제가 있는데 이러저러하다"라는 식으로 설명하면 몇 가지 문제를 비켜 갈 수 있다.

　가끔은 표현만 간단히 바꾸어도 큰 차이가 나타난다. 기분이 별로일 때 부모님이 학교에서 어떻게 지냈냐고 묻는다면 아무 대꾸도 하지 않거나 "좋아요"라는 말로 대화를 거부하기보다는 "다음에 얘기하면 안 될까요?" 라고 부탁해 보자.

그러면 너는 대화의 주도권을 가지게 되고 부모님도 거부당하거나 무시당한다는 느낌이 들지 않는다. 부모님을 막아서지 않고 일정만 조정하는 셈이다. 부모님과 학교생활에 관해 이야기해야 한다는 사실은 바뀌지 않았지만 적어도 네가 내킬 때 대화할 수 있다.

만에 하나 부모님이 도움이 될지도 모른다. 학교생활이 더 나아질 가능성이 있다면 고민해 볼 가치가 있다. 부모님 생각에 학창시절은 네 인생 최고의 날이니까!

물론 학교에서 엄청난 스트레스를 받고 있다면, 정신적으로 문제가 생길 수도 있어. 다음 장에서 그 이야기를 해 보자.

4장

뭐가 그렇게 우울한데?!

이상한 점

부모님은 청소년 정신 건강 문제의
심각성을 모른다.

최근 크게 불안했거나 긴장했던 적 있니? 버스를 타거나 학교에 가는 것처럼 단순하고 익숙한 일을 하려는데 갑자기 전에는 느껴 보지 못한 불안과 공포가 밀려오는 기분이 든 적은?

아니면 이유 없이 기분이 착 가라앉을 때가 있을지도 모르겠다. 무엇에도 흥미가 일지 않고, 질척질척한 늪을 느릿느릿 헤쳐 나가는 기분이 드는 때 말이야.

너는
별것 아닌 일로
소란을 피우는 게
아니야.

지금까지 우리는 부모님 이야기를 하고 부모님과 벌이는 말싸움도 다뤘어. 그러면서 마치 그분들이 거슬리는 존재인 양 얘기했지. 한숨을 쉬면서 피해 가야 하는 신경 쓰이고 짜증 나는 문제처럼 말이야. ☆

앞서 살펴봤듯이, 상황을 개선할 방법은 있어.

그 상황과 문제를 인식하는 일이 중요해. 이전 장에서 보았던 갈등과 스트레스(부모님 때문에 생긴 것이든 네 스스로 쌓아 두었든 아니면 현

☆ 몇몇 육아서에서는 너를 도로 위를 어슬렁거리는 소처럼 아무 생각이 없는 장애물 취급해. 이제 되갚아 줘야지?

155

대 생활의 압박 때문이든)가 마법처럼 사라지는 일은 없어. 그런 갈등과 스트레스는 네 삶에 좋지 않은 영향을 끼치기도 해.

십대들은 특히 더 그래. 부모와 십대의 관점이 매우 다르다는 사실이 그런 상황을 더 악화시켜.☆☆

어른들은 종종 이걸 가지고 놀리기도 해. 사교성이 없거나 내성적이어서 어두컴컴한 방에 혼자 앉아 있거나, 검정색 옷만 입고 우울한 표정으로 소리만 질러 대는 음악을 듣는다고 말이야.

세상 모든 것이 너를 불안하고 비참한 기분으로 몰아가는데, 안전하고 친숙한 방에서 네 기분을 달래 주는 것에 푹 빠져 지내지 않을 이유가 뭐야?

경솔한 부모들은 이렇게 묻기도 해.

"뭐 때문에
그렇게
우울 한데?"

농담으로라도 이런 말은 정말 해로워. 너의 생명이 위험해질 수도

 ☆☆ "나가서 친구들 좀 만나"라는 잔소리나, "항상 멍하니 있다"거나 "뚱하다"라는 식의 말들은 정말이지 하나도 도움이 안 돼.

있는 말이거든. 이 말을 들으면 대부분의 부모는 충격을 받겠지. 해를 끼칠 의도는 전혀 없었을 테니까. 너는 아무것도 아닌 일로 유난을 떠는 게 아니야. 문제는 네가 유난 떤다고 우기는 사람이 상황을 악화시킨다는 거지.

너 역시 내 말에 "좀 심한 거 아니야?"라는 생각이 들지도 모르겠다. 하지만 생명에 위협이 될지도 모른다는 말은 과장이 아니야. 우울증을 가볍게 여기는 태도는 실제로 매우 위험하거든.

그 말은 너의 굉장히 중요한 부분에 심각한 영향을 끼쳐.

바로 너의 '정신 건강'에.

정신 건강이란 무엇일까?

정신 건강은 인생을 살면서 겪는 일들을 의식적으로 감정적으로 잘 처리하고, 제대로 생각하고, 적절히 반응하고, 올바르게 소통하는지 보여 주는 척도야. 또 네가 어떤 존재인지 윤곽을 잡아 주기도 해.

정신 건강상의 문제를 겪는 십대들은 불안감이나 우울감에 시달리기 쉬워. 그리고 많은 십대들이 이 두 가지 증상을 한꺼번에 보여!

십대들은 그냥
게으르거나 지나치게
감상적으로 구는 게 아니야.
실제로 정신 건강상의
어려움을 겪으며
싸우고 있을지도 몰라.

이번 장의 첫머리를 떠올려 봐. 항상 긴장하고 근거 없는 생각에 집착한다고? 기본적으로 불안감이라는 게 그래. 끊임없이 자신이 불행하게 느껴지고 열정이 부족하다는 생각이 든다고? 그게 우울증이야.

그런 감정을 가끔 경험하는 것은 지극히 정상이지만, 그런 감정에서 헤어 나오기 힘들 때, 그런 마음이 며칠, 몇 주, 몇 달 동안 이어져서 그런 상태에 갇힌 느낌일 때, 뭔가 잘못되었구나 하고 깨달아야 해. 십대에게 이런 일이 일어날 가능성은 꽤 높아.

왜 그럴까?
글쎄, 이유는 다양해.
집안 환경과 수면과
학교생활 등 모든 것들이
네 정신 건강에 영향을 줘.
사람마다 경험하는 방식은
다르지만 말이야.

근데 그거 아니? 네 정신 건강의 핵심은 부모님과의 관계야.

부모님은 의도치 않게 너의 정신 건강을 악화시키기도 해. 하지만 부모님 덕분에 나아질 가능성도 많지. 정신 건강을 온전하게 유지하도록 도울 수 있는 존재도 부모님이야.

그렇기 때문에 서로를 이해하고 가능한 한 사이좋게 지내려는 노력이 필요해. 지금부터 정신 건강이 왜 중요한지, 부모님은 왜 이것을 이해하는 데 애를 먹는지, 정신적인 문제를 해결하려면 무엇을 해야 하는지 살펴볼 거야.

왜 다들 정신 건강에 그토록 집착할까?

　정신 건강상의 문제들은 너에게도 낯설지 않을 거야. 부모님(과 대부분의 어른들)보다 네가 요즘 유행하는 음악이나 온라인 문화에 관해 더 잘 아는 것처럼 정신 건강에 대해서도 네가 더 잘 알 가능성이 높아.

　정신 건강 문제에 사람들이 마음을 열도록 여러 매체나 단체에서 꾸준히 알리고 권장해 온 덕분이지. 연예인이나 유명 인사들도 정신 건강상의 문제를 겪었다는 이야기를 종종 하기도 해. 너도 공황장애나 우울증 같은 단어가 익숙할 거야.

　불안이나 섭식 장애, 혹은 조울증에 관해서도 들어 봤을 거야. 누군가 불안에 시달리거나 컨디션이 좋지 않다고 하면 정신적으로 힘들다는 의미로 받아들일 거고.

　청소년을 대상으로 하는 정신 건강 캠페인이 꽤 많아. 알다시피 십대들은 정신 건강상의 문제에 취약하거든.

솔직히 말하면
넌 그런 문제들에
충분히 대처할 수 있다고
생각하지?
맞아, 그럴 거야.
그게 바로 문제야.

본격적으로 설명하기 전에, 정신 건강상의 문제가 발생하는 과정을 살펴볼게.

정신 건강이 나빠지면 어떤 일이 벌어질까?

정신 건강은 뇌에서 다양하고 복잡한 과정이 진행된 결과야.

뇌가 하는 일들은 굉장하지만, 그건 뭔가 잘못될 가능성도 높다는 뜻이야.

정신 건강은 생물학적인 부분과도 관련이 있어. DNA에 문제가 있거나, 특정한 신경 화학물질이 너무 많거나 적으면 정신 건강상에 문제를 일으키는 연쇄 반응이 나타나. 소프트웨어의 버그 하나가 운영 체제를 통째로 망가뜨리는 것처럼 말이야.

정신 건강이 반드시 신체와 관련이 있는 건 아니야. 정신 건강은 부정적이고 불쾌한 경험 때문에 나빠지기도 해. 교육을 제대로 받지 못하거나 가난하거나 범죄율이 높은 지역에 살거나 (폭행이나 폭력에 연루되는 식으로) 충격적인 사건들을 겪는 등의 기분 나쁜 경험이 정신 건강에 심각한 해를 입히기도 하지.

뇌는 우리가 하는 모든 일에 관여하기 때문에 정신 건강상의 문제는 다양한 경험들에 영향을 받아. 정확한 원인이 무엇인지를 파악하는 일은 높은 계단 위에서 노트북 컴퓨터를 내던진 뒤 몇 번째 계단에서 망가졌는지 알아내는 것과 비슷해. 쉽지 않은 일이지.

정신 건강상의 문제는
엄청나게 복잡하고 순식간에 악화되기 쉬워.

정신 건강 상태를 측정하기 위해 쓰이는 방법으로 '취약성-스트레스 모델'이 있어. 아래 도표는 정신이나 그 밖의 상황에 취약한 사람일수록 적은 스트레스에도 쉽게 정신 건강상의 문제가 발생한다는 사실을 보여 줘.

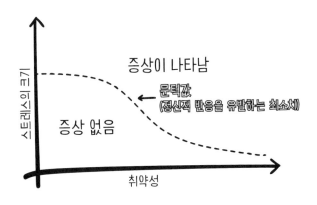

스트레스는 뇌와 신체에 좋지 않은 영향을 끼쳐. 불쾌한 경험이나 힘든 일은 몸과 마음에 스트레스를 일으키고, 뇌는 늘어나는 요구를 감당하기 위해 더 열심히 일해야 하지.

뇌는 꽤 많은 스트레스에 대처할 수 있어. 하지만 스트레스의 양이 감당할 수준을 넘어서면 뇌는 정상적인 기능을 못 하게 돼. 그 결과 스트레스가 몸의 다른 기관들로 넘어가서 여러 가지 문제를 일으켜.

그러면 어떻게 되냐고? 정신 건강이 나빠지겠지….

스트레스라는 이름의 여행 가방

스트레스를 여행 가방 싸는 일에 비유해 볼게. 여행 가방의 용량은 정해져 있어. 그 용량에 맞게 짐을 잘 꾸리면 아무 문제없지.

하지만 가방의 용량을 초과하는 짐을 꾸역꾸역 밀어 넣으면 잠금장치가 고장 나고 이음새가 터져서 여행 가방은 결국 망가지고 말 거야.

뇌는 여행 가방과 같아. 스트레스는 가방 안에 넣는 짐이야. 솜이 빵빵하게 든 두툼한 패딩 재킷 하나뿐인지(자동차 사고처럼 중증 외상에 따르는 스트레스겠지) 아니면 양말 뭉치처럼 자잘하고 개수가 많은 짐인지(일상에서 겪는 작은 스트레스겠지)는 상관없어. 그 짐이 무엇이든 짐이 과할 때는 여행 가방이 견뎌 내지 못해.

여행 가방은 크기가 매우 다양해. 뇌도 마찬가지야. 그리고 뇌라고 해서 모두 같은 방법으로 스트레스를 흡수하지는 않아. 정확히 얼마나 많은 스트레스를 견딜 수 있는지는 생물학적 특성과 발달 정도에 따라 다른데, 네가 정신 건강상의 문제에 얼마나 취약한지도 그에 따라 결정돼. 만약 스트레스를 많이 흡수할 수 있다면 너는 스트레스에 별로 취약하지 않은 거야. 하지만 조금의 스트레스도 견디기 힘들다면 넌 스트레스에 취약한 셈이지.

누군가가 스트레스를 감당하지 못한다면 대개는 그 사람이 약해서가 아니라 이미 스트레스를 많이 받았기 때문이라는 점을 꼭 기억해 두자. 그 사람의 뇌는 스트레스를 통제하기 위해 끊임없이 일했을 거야. 여행 가방은 아주 크지만 누군가 쓸데없는 벽돌을 넣어 절반이 차 버린 셈이지.

감정의 응어리를 들고
돌아다니는 거야.

많은 전문가들이 이것을 취약성-스트레스 모델이라고 불러. 이 이론은 네가 얼마나 많은 스트레스를 견디는 중인지와 더불어 어느 정도의 스트레스를 처리할 수 있는지를 고려해. 이 두 가지는 네가 정신적으로 건강하건 그렇지 않건 네 인생에 결정적인 영향을 끼쳐.

안타깝게도 스트레스를 유발하는 것들은 아주 많아. 학교 과제, 친구와의 다툼, 낮은 자존감, 호감을 얻고 성공해야 한다는 압박감, 성적, 괴롭힘 등등.

비슷한 상황이라도 모든 사람이 같은 방식으로 반응하는 것은 아니야. 지나치게 많은 일을 맡았다가 마감 날이 다가오면 와르르 무너지는 사람도 있고, 압박감을 느끼면서도 잘 처리해 내는 사람들도 있어. 집이 지저분하면 못 견디는 사람도 있지만, 집 상태에 전혀 개의

치 않다가 청소하라는 말에 스트레스를 받는 사람도 있지.

이런 차이가 생기는 건, 네가 문제나 어려움에 얼마나 민감하게 반응하는지와 관련이 있어. 아니면 너의 뇌가 그런 것들을 얼마나 잘 처리할 수 있는지에 따라 달라지기도 하지.

사소한 위기를 겪을 때마다 야단법석을 떠는 사람들을 만나 본 적 있을 거야. 몇몇은 관심을 끌기 위해서 과장했을지도 모르지만 실제로 사소한 문제에 혼란스러운 감정에 휩싸이는 사람들도 있어. 정신의 여행 가방이 이미 꽉 차 있을 때 그렇지.

기본적으로 우리는 모두 정신 건강상의 문제에 취약해. 어떤 사람은 지나치게 강렬한 감정에 휩싸이기도 하고, 불쾌한 경험을 처리하려고 안간힘을 쓰는 사람도 있어.

뇌가 온통 그 일에 매달려 있는 상태라면 특히 더 취약할 거야. 알다시피 평범한 십대의 뇌가 그런 상황이야.

너의 정신 건강이 그토록 위험에 처한 이유가 뭘까?

정신 건강상의 문제에 있어서 십대들은 꽤 부당한 대우를 받고 있어.

당황하지는 마. 십대의 경우 불안증이나 우울증이나 다른 정신 질환으로 발전하는 일은 매우 적어. 다만 정신 질환을 얻을 가능성이 다른 사람에 비해 더 높은 소수는 존재해.

정신 건강은 자전거 타는 일에 비유할 수 있어. 그러니까 정신이 건강하지 못한 상태에서 문제 증상을 경험하는 일은 자전거를 타다가 넘어지는 상황과 같아.

네가 아무리 자전거를 잘 타더라도 넘어질 가능성은 항상 있어. 다른 사람들에 비해 자주 넘어지는 사람도 있지. 어떤 사람은 고장 난 곳을 수리하고 낡은 부품을 갈아 끼워야 하는 자전거를 겨우겨우 타는데, 누군가는 산악 자전거로 험한 지형을 쌩쌩 달리기도 해. 경우에 따라 다르다는 뜻이야.

십대들은 어떠냐고? 얼음이 꽁꽁 얼고 구불구불 이어진 산길을 급하게 조립한 자전거를 타고 오르는 중이랄까.

많은 어른들은 잘 포장된 길 위를 달리는데 어째서 너는 위험한 길을 택한 걸까?

앞서 살펴봤듯이 십대인 너의 뇌는 변화하고 성숙하는 과정을 겪으면서 엄청난 양의 작업을 감당하는 중이야.✿ 이러한 작업량 탓에 뇌의 공간이 줄어들어서 스트레스의 원인이 되는 (혹은 스트레스 때문에 일어나는) 문제들을 처리하기 어려워. 네 여행 가방에 볼링공이 들어 있다고 보면 돼.

또 1장에서 말했듯이 감정 반응을 관리하고 처리하는 뇌의 영역은 꾸준히 발달하는 중이야. 한편, '감정'과 '충동'을 담당하는 뇌의 영역은 준비를 끝내고 작동을 시작했어.

너는 거의 모든 일에서 강렬하고 조절하기 어려운 감정 반응을 경험해. 대부분은 매우 불쾌하고 큰 스트레스를 불러일으키지.

하지만 이런 강렬한 감정은 꼭 필요해.

성장하는 중인 너의 뇌가 업그레이드된 감정을 처리할 방법을 알아내려면 그런 감정을 경험해야 해. 그렇지 않으면 비행기에 타도 된

 ✿ 그래서 잠을 더 자야 하는데 실상은 그렇지 않지.

다는 허락 없이 비행 훈련을 받는 것과 비슷한 상황이 벌어져. 당연히 어렵겠지.

학습 중인 뇌는 적절한 감정 반응을 전달하지 못할 때가 많아.

파티 도중에 친구가 너에게 헤어지자고 말한다면 너는 화가 나고 속이 상할 거야. 새로 만났다는 상대를 질투하면서 외롭다고 느낄 수도 있겠지. 책가방이 찢어져서 책이며 학용품이 몽땅 웅덩이에 빠져 버렸다면 어떨까. 분명 짜증이 나고 괴로울 거야. 그런데 말이야, 그런 상황을 웃어넘길 수도 있지 않을까?

불쾌한 경험을 하면 뇌의 여러 부분이 반응해. 뇌의 정교한 영역에서는 이 반응들을 한데 모아 감정과 느낌으로 바꿔 줘. 즉, 뇌 안에 뒤섞여 존재하는 것들을 골라 내서 그 정체들을 이해할 수 있게 해 주지.

다양한 범위의 소리들이 별개로 존재할 때는 아무 의미도 없어. 그저 소음일 뿐이지. 하지만 함께 모아 놓으면 어떨까? 뇌는 소리들을 합쳐서 특별한 노래로 인식할 수 있어.

그런데 너의 뇌는 자라는 중이기 때문에 통합하는 과정을 힘겨워하거나 아예 불가능하다고 생각해. 그래서 나쁜 일이 일어나면 어떻게 반응해야 할지 몰라서 당황할 수도 있어. 그러면 너의 뇌는 오류 메시지를 쏟아낼 거야.

정상적인 반응이라고는 해도, 자신이 느끼는 바를 또렷이 표현하지 못하는 일은 굉장한 좌절감을 안겨 줘. 그러니 스트레스가 상당히 크겠지.

이 문제는 네가 일을 마음에 쌓아 두는 사람이라면 점점 커질 거야.

감정이나 기분을 계속 억누른다는 것은 발달 중인 너의 뇌가 그런 감정을 처리할 방법을 배울 기회를 거부한다는 뜻이기도 해. 너의 뇌가 이미 부정적인 감정을 처리하기 위해 애쓰는 중이라면 얼마 지나지 않아 처리하지 못한 감정에 압도되어 버릴지도 몰라.

안타깝게도 십대들의 감정 표현을 막는 것들은 너무나도 많아. 엄격한 가정환경, 냉정해야 하고 자제력 있어야 한다는 압박감, 비판적인 사회에서 가하는 여러 가지 압력들까지 말이야. 이런 것들은 감정적 기능 장애(감정을 다루고 처리하는 능력이 감소되는 증상)와 감정 장애의 위험을 엄청나게 증가시키기도 해.

그러니까
십대들을
'감정적'이라고
비난하는 일은
대단히 잘못되었어.

네가 느끼는 바를
표현하는 일은
무엇보다 중요해.

경고음을
울려라!

　뇌에는 '위험 탐지 시스템'이라는 매우 중요한 신경학적 네트워크가 있어서 뇌에서 일어나는 모든 일을 감시해. 이 시스템은 불쾌감을 일으킬 만한 것을 감지하면 경고음을 울려서 위험이 발생하거나 발생할지도 모른다고 알려 줘.

　스트레스가 타당한지 결정하는 일도 이 영역에서 맡고 있어. 앞에서 학교 스트레스를 유발하는 것들에 관해 이야기한 적이 있지. 여기서 그 얘기를 자세히 살펴보려고 해. 스트레스는 아주 친숙하고 강렬한 감정, 즉 두려움에서 시작되거든!

　스트레스는 두려움보다 흔하지만 강렬함은 덜해. 두려움이 영화나 게임 속 거대한 악당 두목이라면 스트레스는 중요한 전투를 앞두고 쳐내야 하는 심복들이지. 스트레스와 두려움은 뇌의 위험 탐지 시스템에 의해 작동되기 때문에 늘 붙어 다녀.

　강력한 뇌를 가진 현대인들은 수많은 위협을 인식하며 살아. 너무나도 많은 것들이 우리의 기분을 상하게 하거든.

시험을 못 봤다고? 고백했는데 차였다고? 부모님에게 혼났다고? 스마트폰을 버스에 두고 내렸다고? 이뿐만 아니라 훨씬 심각한 일까지 위험 탐지 시스템은 커다란 이빨을 드러낸 채 어둠 속에 숨어 있는 무언가처럼 이 모든 것들을 피해야 할 위협으로 인식해. 모두 스트레스의 원인이니까.

십대 시절은 특히 그래. 위험 탐지 시스템 역시 성숙하는 중이어서 일의 결과나 복잡한 문제가 대략 어떻게 흘러갈지를 더 잘 예상할 수 있지. 따라서 걱정할 일도 늘어나.

감사하게도 우리의 뇌는 대부분의 상황이 그렇게 위험하게 흘러가지 않는다는 사실을 깨닫게 해 줘. 생각만으로는 두려움을 느끼지 않는 경우도 점점 늘어나. 위험 탐지 시스템은 고성능의 복잡한 뇌기능에 속하기 때문에 그렇게 되기까지 시간이 걸리지.

그래서 십대 초반의 아이들이 그렇게 수줍어하고, 초조해하고, 어색해 보이는 거야. 사실 불안의 수준은 보통 십대 초반의 몇 년 동안 최고조에 달해. 그러다 대개 감소하지. 그즈음 뇌의 정교한 영역에서는 위험 탐지 시스템이 보내는 경고 대부분이 반드시 필요한 것은 아니라는 사실을 학습해.

이를테면, 많은 십대들이 누군가에게 사귀자고 말하는 일을 두려워해. 논리적으로 보면 사실 겁낼 이유가 없는 일이야. 그 말을 들은 상대방이 물리적인 폭력을 써서 해를 입히지는 않을 테니까.✹ 하지만 생각하는 것만으로도 스트레스를 받아서 속이 울렁거릴 수도 있어.

네 관점에서 너의 두려움은 정당해.

어색함은 어떨까. 십대로 성장하는 일의 핵심에는 성적 성숙이 있어. 네 몸에 넘쳐흐르는 호르몬 덕분에 육체적인 부분과 정신적인 부분을 모두 포함해서 성관계와 생식과 관련된 모든 과정이 중앙 처리 장치와 연결돼.

당황과 혼돈의 시간은 이미 시작되었지. 안타깝게도 본성까지 제멋대로 굴어. 확고했던 생각은 곧 다른 식으로 바뀌지.

갑자기 너는 주변에 있는 많은 사람들에게 낯설고 혼란스러운 방식으로 강렬하게 끌린다는 사실을 깨달아. 그중 몇몇은 수년 동안 네 신경을 거슬리게 했는데도 말이야. 이런 상황은 급격히 변하는 너의

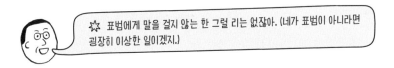

☆ 표범에게 말을 걸지 않는 한 그럴 리는 없잖아. (네가 표범이 아니라면 굉장히 이상한 일이겠지.)

몸이 여드름과 기름진 머리카락을 선사하고, 전에는 그렇지 않던 곳을 털로 뒤덮는 동안 벌어져. 이성에게 자꾸 마음이 갈 거야. 이런 상황을 편하게 받아들이지 못한다면 스트레스의 수준은 계속 높아져. 이 문제에 대해서는 뒤에서 더 자세히 알아볼 거야.

다른 사람들이 매우 매력적으로 보이는 와중에, 스스로의 외모가 괜찮다고 생각해 본 적이 없는 너에게 온갖 신체변화가 발생하니 어떻겠어. 끌리는 사람에게 말을 거는 일이 스트레스이자 공포로 느껴지는 것도 당연해. 너는 그 사람들을 피할 테지. 네 입장에서는 그 편이 합리적이거든.

그러던 어느 날, 네가 용기를 끌어 모아서 "안녕" 하고 인사를 건넸어. 안녕, 딱 한 마디 했는데 상대방도 "안녕" 하고 인사를 해. 그러고 끝. 여기엔 아무 의미도 없지. 그냥 흔한 인사일 뿐이니까. 하지만 이 사건은 너의 발달 중인 뇌를 자극해서 일하게 해.

호감 가는 사람에게 말을 걸었는데 나쁜 일이 일어나지 않았어. 다음번에 그런 상황이 생기면 너의 위험 탐지 시스템은 요란한 알람을 울리기 시작할 거야. 그러면 경험을 통해 분별력이 생긴 너의 뇌는 "전에도 이런 적이 있었는데 별일이 없었어. 그러니까 이 위험 탐지 반응은 말이 안 돼. 무시해야겠다"라고 생각할 거야.

십대에 접어들면 뇌의 위험 탐지, 불안 유발 영역은 기어를 올려. 너는 조금씩 경험을 쌓아 나가고 뇌는 위험과 불안을 좀 더 잘 통제하(고 무시하)는 데 익숙해져. 즉, 나이를 먹을수록 불안은 감소해.

불안이 너무 심해서 방 안에만 틀어박혀 지낸다면 다양한 상황을 학습하고 발달할 기회를 잃어. 과도한 공포 반응이 계속되면 무시해도 괜찮다고 깨달을 기회 역시 놓치게 돼. 그러면 뇌의 공포 반응은 날것의 강력한 상태로 유지될 거야. 이런 상태가 지나치면 본격적인 불안 반응이 일어나. 결국 뇌는 거의 모든 일에 공포를 느끼겠지. 이 문제의 해답은 분명해. 직접 경험하는 거야!

수많은 십대들이
정신 건강상의 문제로
고생한다는 사실은
크게 놀랄 일도 아니야.
꽤 많은 수가
그렇지 않다는 사실이
오히려 놀라울 정도지.

무리의 일원

지금까지 살펴봤듯이 호감 가는 사람에게 말을 거는 일은 스트레스를 불러일으켜. 성적으로 발달하는 시기인 까닭에 너는 갑자기 설명할 수 없는 이유로 여러 사람에게 매력을 느껴. 스트레스의 파도가 덮치는 느낌일 거야.

그런데 말이야. 또래 아이들과 지낼 때는 어때? 아마 '성적인' 요소 없이도 높은 수준의 스트레스를 경험할 거야. 이런 일은 누구에게나 일어나고 모두가 겪어.

또래 압력, 괴롭힘, 인기, 함께 어울리기, 무리에 들기. 이런 일들은 십대에게 엄청난 압박감을 주고 정신 건강에 심각한 영향을 미쳐.

왜 그럴까? 독립을 갈망하는 십대들이 모두가 자신을 좋아하길 바란다는 말은 모순 아니야?

사람들이 사는 방식이 그래.

인간은 굉장히 사회적인 종이거든.

학교 조회 시간을 생각해 봐. 모두 교실 안에 조용히 앉아 있어. 인간에 가장 가까운 종인 침팬지에게는 불가능한 일이야. 방 하나에 침팬지 50마리를 넣어 놓으면 바로 소리를 지르면서 싸우기 시작할 거야. 몇 분 내로 교실은 핏자국과 똥칠로 범벅이 되겠지.✫

하지만 우리 인간들은 다른 이들과 가까이 지내는 것을 좋아해. 사람은 타인의 인정과 존중을 바라게 되어 있어. 이런 특징은 우리의 모습과 사고방식을 이루는 핵심이야.

이러한 욕구는 우리 뇌의 깊숙한 곳에 자리 잡고 있어. 미소 짓고 고개를 끄덕일 뿐이라도 다른 사람과 즐겁게 교류할 때, 우리의 오랜 친구인 뇌의 보상 경로가 활발하게 움직여.

누군가와 긍정적인 상호 작용을 나누는 일은 뇌에 쾌락 반응을 일으켜.

✫ 너희 학교가 어디인지 모르지만, 조회 시간은 보통 그런 분위기로 끝나지 않아?

친구들과 시시한 이야기만 나누면서도 즐거운 까닭이 그 때문이야. 사람들과 사이좋게 지내면 우리 뇌는 쾌감을 느껴.

십대들이 수업 시간에 집중하기보다 친구랑 어울려 놀기를 택하는 이유도 그래서지. 배움도 중요하지만 그건 재미없을 때가 많잖아. 친구랑 어울리는 건 어때? 세상 즐겁고 재미있지. 성숙해 가는 중인 뇌는 나중에 이득이 되는 일보다 즉각적인 보상이 주어지는 일을 선호해. (양질의 교육은 어른이 된 후에 받는 편이 오히려 효율적이라는 증거야.) 당장 즐겁지만 아무런 도움이 되지 않는 선택을 거절하는 일은 십대들에게 영원히 계속되는 전쟁과도 같아.

사소해 보이지만 낯선 사람에게 무시당하거나 배제당하는 '부정적인 사회적 상호 작용'은 뇌에 스트레스를 더하고 고통을 줘. 상처를 입었을 때의 육체적인 고통과는 다르지만, 정신과 육체의 통증은 뇌의 같은 영역에서 처리돼. 좋은 느낌일 리가 없지.

낯선 사람이 무시하거나 업신여기는 일처럼 작은 사건도 뇌에 고통을 일으킬 수 있어. **인간은 인정받고 싶어 하는 존재야.** 모두에게가 아니더라도 친구 무리라든가 팀처럼 자신이 속했다고 생각하는 집단이나 공동체 안에서 받아들여지길 간절히 바라지.

단순히 호감을 얻는 일을 말하는 게 아니야. 우리는 **환대**받고 **존중**받아야 하는 **소중한** 존재야.

우리는 어떻게든 우월감을 느끼고 싶어 해. 방법은 중요하지 않아. 좋은 옷을 입거나, 운동이나 시험에 강하거나, 입속에 마시멜로를 가장 많이 집어넣는 식으로 말이야. 우리는 여러 가지 방법으로 성취감을 느껴.

우리의 자존감, 즉 스스로를 유능하고 긍정적인 사람이라고 생각하는 일은 우리 성격의 매우 중요한 부분을 차지해. **의욕적인 태도로, 결정한 바에 자신감을 갖고, 삶에 행복감을 느끼고, 정신 건강을 유지하도록 도와주는 것도 자존감이야.** 그런데 많은 십대들이 자존감 때문에 애를 먹어. 자기도 모르는 새에 자꾸 다른 사람과 비교하게 되거든.

이런 경쟁심은 관계를 깨뜨리기도 해. 영향력 있는 자리에 오르고 우월감을 느끼는 지름길은 다른 누군가를 깎아내리고 열등한 존재로 보는 거지. 그래서 약자를 공격하고 괴롭히는 일들이 자주 발생해. 다르거나 두드러지는 면이 있을 때 괴롭힘을 당하는 경우도 많아. 그런 사람들의 결점을 공개적으로 들추면서 우월감을 느끼거나 무리에 받아들여지는 사람들도 많지.

나는 괴롭힘 가해자들 역시 지위와 인정을 갈망하는 마음이 매우 커서 무례하고 거친 방법도 꺼리지 않는다고 봐.

어떤 집단에서 가장 낮은 위치에 있거나 심하게 놀림을 당하는 사람은 심각한 스트레스를 겪고 장애를 입는 일까지 있어.

요약하면, 인간은 다른 사람에게 인정받고 받아들여지고 싶어 해. 그래서 우리의 뇌는 다른 사람들에게 사랑받을 가능성을 높이고 자존감을 세울 수 있는 전략을 개발하지.

존중하는 태도

'인상 관리' 이론이라는 게 있어. 우리는 본능적으로 주변 사람들에게 최선의 이미지를 보여 주려는 경향이 있대. 자신의 성취를 강조하고 결점은 감추면서 다른 사람이 자신을 좋아하게 하려고 애쓰지. 의식하지 못하는 중에도 좋은 모습만 보이고 좋은 말을 하려고 최선을 다해.

존중받고 호감을 얻고 싶은
기본 욕구는
누구에게나 있지만
너와 같은 십대는
그런 욕구가
열 배는 강해.

독립에 대해 잠깐 이야기해 볼까? 독립을 향한 새로운 갈망이 생긴다는 것은 가장 신뢰하던 부모님과의 관계가 갑자기 자신 없고, 긴장되고, 괴롭게 다가온다는 뜻이야. 대신 다른 사람과의 관계에서 인정받고 신뢰를 쌓으려 하지.

또래 아이들과 유대감을 쌓는 일이 십대 시절 그토록 중요한 이유야. 이제 부모님에게서 얻을 수 없다고 느끼는 것(안정감, 인정, 지지 등)을 또래들에게서 채우려 하지. 또래에게 깊은 인상을 주고 인정을 받는 일은 매우 중요해. 너의 정신 건강은 그 일에 달려 있다고 해도 과언이 아니야. 그래서 십대들이 학교에서 인기에 집착하는 거지.

네가 나쁜 무리에 휩쓸릴까 봐 걱정하는 부모님을 무시하려는 태도 역시 마찬가지야. 또래 집단의 인정을 받고 싶을수록 부모님의 인정과 관심을 받고 싶은 마음은 상대적으로 줄어들 테니까.

사실 부모님의 걱정과 관심은 당연해. 네가 우정을 나누면서 인정받으려는 사람들은 누구지? 너와 다를 바 없는 십대들이야. 너와 비슷한 문제를 일으킬 가능성이 크지. 분별력을 갖고 자제하기보다 즉각적인 보상을 추구하는 경향이 클 테니 술이나 담배에 손을 댈지도 몰라.

이런 사실은 아주 친한 십대 친구들이 별것 아닌 일로 격한 말싸움을 벌이거나 주먹다짐을 하고서 다음 날 아무 일도 없었다는 듯 행동하는 이유도 설명해 줄 수 있을걸?

시시하지만 신뢰도 높은 부모님과의 관계는 재미있지만 예측하기 어려운 또래와의 관계로 대체되지. 십대의 유대 관계가 매우 유연하다는 것은 장점이겠지만 그 때문에 스트레스가 커지기도 해.

십대들이 다른 사람, 특히 처음 보는 사람과 대화하는 일을 겁낼 때가 많다니 놀랍지 않니?

십대들에게는 호감을 얻고
집단에 받아들여지는 일이
믿기 힘들 정도로 중요하기 때문에
거절당하는 일도
굉장히 고통스러울 거야.

왜 부모님은 너의 정신 건강
문제를 받아들이는 데
애를 먹는 걸까?

부모님은 자녀의 정신 건강에 어떤 식으로 영향을 끼칠까? 그리고 자녀가 불안할 때 부모님은 뭐라고 말하고, 어떤 행동을 할까? 왜 부모님은 전혀 도움이 안 되고, 심지어 유해한 반응을 보일 때가 많을까?

정신 건강에 관해서라면 앞에서도 말했듯이 네가 부모님보다 아는 것이 많을 가능성이 커. 우리가 꼭 기억해야 할 중요한 지점이지. 정신 건강은 지난 20년간 젊은 층을 중심으로 논의되었거든. 너는 자라면서 그 주제에 충분히 노출되었지만 부모님들은 그런 이야기를 자주 접하지 못했어.

너도 잘 알겠지만, 누군가의 머릿속에서 벌어지는 일을 들여다볼 방법은 없어. 그러니 어려움을 겪고 있다는 사실을 알아채기는 더 어렵겠지.

부모님이 너의 정신 건강을 잘 이해하지 못한다면, 불안하거나 우울한 네 모습을 보고 쉽게 바로잡을 수 있다고 생각할지도 몰라. 너는 그저 소심하게 굴거나 제멋대로 행동하거나 사랑을 담은 따끔한 맛을 봐야 정신 차리는 상태인 거지!

이런 식의 접근은 전혀 도움이 되지 않아.

(네가 존경하거나 멋지다고 생각하는) 누군가에게 말을 걸려고 하는데 너무 걱정되고 불안하다는 이야기로 돌아가 보자. 어떤 부모들은 그런 걱정을 '장난스럽게' 놀리거나 무시해. "바보같이 굴지 마라." "걔가 무슨 개라도 되냐? 안 물어!"라는 식으로 말하면서 말이야. 부모님은 너무 쉽게 이런 말들을 해.

하지만 너의 뇌는 부모님과는 매우 다른 방식으로 작동해. 민망함과 거절당하는 데 대한 두려움이 너에게 미치는 영향은 같은 상황에서 부모님이 겪는 감정보다 훨씬 강렬해. 그런 너에게 부모님이 "걱정할 것 없어"라고 말하는 것은 큰 잘못이야.

부모님이 사람을 잘 따르는 '반려견'을 쓰다듬으면서 너에게 그 옆에 있는 다른 '개'를 쓰다듬어 주라고 말하는 상황과 비슷해. 분명히 안전할 테니까. 네가 쓰다듬어야 하는 녀석이 작고 귀여운 강아지가 아니라는 사실만 빼면.

그건 늑대야.
매우 굶주린 채로
눈을 번뜩이는 늑대.

물론 그 늑대가 안전한 반려동물일 수도 있겠지만, 그렇지 않다면 후회할 일이 벌어지겠지. 부모님은 '사람을 잘 따르는 개'라며 너에게도 쓰다듬으라고 했을 거야. 너는 엄청난 스트레스를 받고 있는데 말이야.

부모님이 관심이 없어서가 아니야

대부분의 문제는 부모님이 과하게 신경을 쓰는 데서 시작해.

너의 부모님은 좋은 부모가 되고 싶을 거야.

좋은 부모가 되어야 한다는 압박(십대들이 학교에서 인기를 얻고 싶은 강박과도 비슷해)은 자녀가 불행해지면 어쩌나 하는 걱정으로 이어져.

네가 좋은 부모라면 네 자녀가 행복해야 하지 않겠어? 그렇지 않다면 아이에게 뭔가 문제가 있겠지. 아니면 네가 부모 역할을 잘못하고 있든지. 어느 쪽이든 바뀔 필요가 있어.

늘 그렇듯… 사람의 일은 예상대로 흘러가지는 않는다는 점이 문제야! 항상 행복한 사람은 없어.

네가 행복하지 않다는 게
뭔가 문제라는 생각은
현대 사회가 만든

허상이야.
그건 잘못된 생각이지!

너도 부모님의 감정이 신경 쓰일 거야. 네가 행복하지 않다는 말에 부모님은 속이 상할 테고 그걸 아는 너는 말할 마음이 사라질 거야. 그래서 너는 그냥 마음에 쌓아 둬. 알다시피 이건 현명하지 못한 방법이야.

무엇보다 부모님이 너를 키우기 위해 열심히 애쓰는 중이라면 네 불행은 그분들의 노력을 부정하는 것처럼 보일 수도 있어. 만약 부모님이 심각한 스트레스로 힘든 상황이라면, 너를 은혜도 모르고 버릇없으며 지나치게 감상적으로 군다고 탓하면서 당장 정신 차리라고 야단칠지도 몰라.

이유가 무엇이든 간에 십대에게 그런 식으로 말하는 것은 위험해.

스트레스,
요동치는 감정,
바닥을 치는 자존감,
정신 건강상의 문제 등등
네가 생각하는
모든 문제는 무시당해.

스스로 이상하고 결점이 많은 사람이라고 생각하기 때문에 이런 스트레스와 불안을 느끼는 거잖아? 부모님이 그 사실을 확인해 준 셈이야. 부모님은 네 문제는 전혀 중요하지 않고 스스로 불행하다고 생각하는 널 한심하다고 못박았어.

그럴 의도는 아니었을 가능성이 매우 크지만, 부모님의 말이 너의 약하디 약한 자존감에 어떤 영향을 끼쳤을까?

마음을 열고 네 감정이나 정신 건강상의 문제에 관해 정직하게 털어놓으려는데 부모님이 의지를 꺾는 말이나 행동을 하면 어떤 일이 발생하는지 우리는 익히 알고 있어. 부모님의 이런 태도는 너무나도 많은 부분에 부정적인 영향을 미쳐.

좋은 상황은 아니지. 문제를 혼자 견디라고 강요받는 기분일 테니까. 너는 어쩌면 꾹꾹 눌러 참으면서 알아서 사그라지길 바라거나 꽁꽁 싸매서 비밀로 간직해야겠다고 생각할 거야.

다시 말하지만, 이런 식으로는 문제가 더 악화될 뿐이야. 나아질 가망이 없어. 너와 부모님의 불화는 절대 도움이 되지 않아. 부모님은 너의 정신 건강상 문제를 관리하고 치료하는 데 중요한 존재거든.

부모님은 네가 이런 문제로 고심할 때 널 보살피고 지원하고 격려해 줘야 하는 사람들이야. 그분들을 네 편으로 두면 문제를 혼자 떠안지 않아도 되고 기분이 나아지기 위해 더 위험한 방법을 시도할 필요도 없어.

문제에서 벗어나려는 마음에 약물이나 술에 손을 대는 경우도 있어. 하지만 약물이 주는 안도감은 오래가지 않아. 오히려 열심히 일하는 뇌를 더 힘들게 하지.

정신 건강상의 문제를 겪는 십대들은 자해할 가능성도 높아. 그건 굉장히 위험하고 고통스러운 일이야.☆

자해 사실을 부끄러워할 필요는 없어. 하지만 스스로 육체에 가한 상처는 흉터로 남거나 후유증이 오래갈 위험이 있고 심하면 죽음에 이를 수도 있으니 반드시 도움을 받아야 해.

정신 건강상의 문제는 이성적으로 생각하지 못하도록 방해해. 그게 핵심이야. 아무도 널 신경 쓰지 않는다고 확신하면 너를 아끼는 사람들이 어떨지 떠올리거나 그 사람들을 걱정할 힘조차 남지 않아. 결국 심각하게 나쁜 생각들을 진짜라고 믿게 돼.

☆ 자해는 굉장히 심각한 문제야. 이에 관한 조언이나 정보가 필요하다면 282쪽을 먼저 읽도록 해.

이 점은 확실히 짚고 넘어가자. 그런 생각은 완전히 잘못됐어!

십대들에게 이성적으로 생각하는 일은 상황이 매우 좋을 때도 힘든 일이야. 성장과 성숙을 위해 뇌가 많은 일을 해야 하는 시기잖아. 십대가 위험한 선택을 하고 반항적으로 행동하는 이유도 그래서야. 정신 건강에 문제를 일으킬 만한 일에 휘말린다면 어떨까? 상황은 더 나빠지겠지.

너의 뇌는 계속 발달하는 중이고, 십대 시절을 지나며 경험하는 변화는 성인기를 잘 보내기 위한 밑바탕이 될 거야. 십대 시절 해결하지 못한 정신 건강상의 문제는 이후의 삶에 문제를 일으킬 위험이 커.

정신 건강상의 문제를 인정하거나 고백하지 못하면 부모님과의 관계도 불편하고 불안정해지다가 서먹해질 수도 있어. 그럴 경우 문제는 더 어렵고 복잡해지겠지.

이런 상황을 피하려면 너를 돌봐 줄 수 있는 사람이 있어야 해. 즉, 논리적으로 생각하고 이성적으로 판단해서 네 건강과 행복을 진지하게 고민해 줄 능력을 갖춘, 신뢰할 만한 사람이 필요해.

다시 말해, 부모님이야.

지원을 아끼지 않고 적극적인 부모님은 정신 건강상의 문제에 제대로 대응하면서 상황이 좋아지도록 도와줄 거야. 만약 부모님과의 관계가 건강하다면 문제를 피해 갈 수도 있어.

하지만 부모님도 문제를 이해하고 대처하는 데 곤란을 겪을 때가 많아.

정신 건강에 관한 지식이 부족한데, 자녀의 정신이 건강하지 않다는 사실을 알게 되면 어떨까? 아이가 아픈데 직접 해 줄 수 있는 일이 없어. 무슨 일인지 파악하기도 힘들어. 그런 상황이라면 본인 잘못이라고 생각할 수도 있어.

부모님에게는 그야말로 악몽 같은 전개야. 때문에 부모님은 매우 당황해서 예민하게 반응할 가능성이 크지.

그래서 자녀와 부모는 서로 믿고 마음을 터놓을 수 있는 관계를 맺는 것이 중요해.

부모님은
네가 필요할 때
힘을 주고
도울 수 있어.
너는 무슨 일인지
설명하고
안심시킬 수
있어야 하지.

팁을 하나 알려 줄게. 별로 중요하지 않은 일을 두고 부딪치느라 시간을 낭비하지 않는다면 상황을 풀어 나가기가 훨씬 쉬울 거야. 젖은 수건을 스스로 치우고, 제시간에 잠자리에 들고, 숙제도 알아서 한다면 문제를 터놓고 이야기할 에너지와 여유가 생길 거라는 뜻이야.

문제 진단

문제

십대들은 이성적으로 생각하고 결정하는 능력이 아직 부족해서 종종 문제를 악화시키는 쪽으로 생각하고 행동할 가능성이 크다.

이때 부모님의 도움이 필요하다. 하지만 관계가 좋지 못해서 늘 아슬아슬한 분위기라면 부모님이 널 도우려고 해도 문제가 더 악화될 수 있다.

결과

정신 건강상의 문제를 제대로 치료하지 않고 내버려두면 매우 심각한 상황에 이를 수 있다.

1. 먼저, 정신적으로 건강하지 못하다고 해서 결점이 있거나 열등한 건 아니라는 점을 기억하자. 자전거를 타다가 넘어졌다고 자전거를 탈 능력이 없다는 뜻은 아니다.

2. 늘 행복하지 않다 해도 괜찮다. 행복하지 않으니 뭔가 잘못되었다는 생각은 현대 사회가 만들어 낸 오해이자 그야말로 건강하지 못한 생각이다. 부모님이 그렇게 믿을 수도 있지만, 그렇다고 옳은 것은 아니다. 물론 부모님은 네가 행복하길 바란다. 하지만 그게 전부가 아니라는 사실을 부모님도 인정해야 한다.

   불행하게 느껴지고 화나고 불안해도 괜찮다. 어떤 감정이든 그 자체로 문제될 것은 없다. 다만, 분명한 이유도 없이 그런 기분이 계속된다면 문제가 있다는 뜻이다.

3. 건강한 식습관은 정신 건강상의 문제에 도움이 된다. 기분이 좋아지려고 즉석 식품이나 설탕이 많이 든 에너지 음료를 계속 먹고 싶겠지만, 불안을 더는 일에 아무 도움이 되지 않는다. 그런 음식은 건강에 좋지 않고 기분

도 더 가라앉게 한다. 좋지 않은 식습관은 수면도 방해한다. 수면은 자기 관리에 필수다. (수면은 건강을 유지하고 개선하는 매우 효율적인 방법이다.)

4. 꾸준한 운동도 정신 건강을 향상시키는 데 도움이 된다. 뇌는 신체에 의존하는 기관이다. 몸이 건강할수록 뇌도 더 많은 일을 처리할 수 있다. 몸이 건강하면 뇌에 필요한 것들을 효율적으로 공급할 수 있다.

5. 정신 건강상의 문제들은 네가 생각하고 반응하는 방식에 영향을 끼친다. 정신 건강상의 문제를 겪는 중이라면 너의 생각이나 관점이 그에 영향을 받는다는 사실을 인정해야 한다. 너는 사소한 것에 겁이 나거나, 죄다 끔찍하다고 느끼겠지만, 그런 사고의 흐름은 정신의 문제 때문에 생기는 것이지 네 탓이 아니다.

6. 십대의 정신 건강상 문제 대부분은 약물 없이 치료가 가능하다. 상담도 꽤 효과가 좋다고 알려졌다. 항우울제 같은 약물 치료가 필요한 경우도 있다. 부모들은 약물 치료를 믿지 못하고 두려워하기도 하지만 약물은 정신 건강

상의 문제를 퇴치하는 필수 도구다. 전문가의 조언을 따라야 한다는 점이 중요하다. 잘못된 정보를 의지하거나 무조건 의심하지 말고, 전문가의 조언을 들어 보자.

정신 건강상의 문제는 매우 복잡하고 변화가 심해서 해결하기 위한 접근법도 다양하다. 자신에게 효과적인 방법을 찾아내는 일이 관건이다. 인터넷에서 만나는 모든 사람이 다 좋은 의도를 지니지는 않았다는 점을 명심하자. 만약 믿기 힘들 정도로 좋다면 믿지 않는 것이 맞다. 특히 뭔가를 사고팔려고 한다면 다시 생각해 보자. 가능하면 세계보건기구나 의료보험공단이나 공인된 의사나 상담가 같은 전문가들의 정보를 취하도록 하자.

7. 부모님과의 관계에서 갈등을 줄이는 일은 정신 건강을 지키는 훌륭한 방법이다. 부모님과 관심사를 공유하는 일도 도움이 된다. 부모님도 너와 같은 스트레스와 압박감을 경험하고 있다는 점을 기억하자. 그중 대부분은 너를 걱정하고 돌보는 데서 온다는 사실도 잊지 말아야 한다.

말처럼 쉬운 일은 아니다. 부모님은 경험이 훨씬 많고 너는 독립과 자율성을 갈망하는 시기를 지나는 중이니까. 도움을 요청하는 일이 썩 내키지 않을 수 있다. 이런 저항을 이겨 내는 일은 모두에게 이로운 상황으로 가기 위해 거쳐야 할 중요한 단계다.

부모님은 네 정신 건강상 문제를 관리하고 극단적이고 위험한 해결책에 의존하지 않도록 막는 데 중요한 역할을 담당할 분들이지만, 너만큼 정신 건강에 관해 잘 알지 못할 가능성이 크다. 부모님에게도 지침이 필요하다. 그분들의 행동이 문제의 원인이 아니라는 확신도 줘야 한다. 부모님에게 유용한 웹사이트나 자료들을 알려 주는 방법도 있다.

8. 정신 건강에 관한 걱정을 털어놓을 상대가 모르는 사람인 편이 나을 때도 있다. 부모님과는 너무 가까운 관계라 여러 가지 다양한 일이 벌어지기도 한다. 믿음이 가는 친구, 신뢰하는 선생님, 학교 상담 선생님, 혹은 낯선 사람이라도 정신 건강 전문가들이 운영하는 온라인 공식 커뮤니티 소속이고, 너에게 공감해 주는 사람이라면 정신 건강상의 문제를 상담하고 도움을 받을 수 있다. 부모님에게 털어놓기가 어렵다면, 너와 객관적 거리를 유지할 수 있는 사람과 대화하는 방법도 있다. 그 사람

이 네가 준비되었을 때 가족에게 털어놓도록 도와줄 것이다.

더 자세한 정보를 알고 싶다면 온라인상에 참고할 만한 자료가 많이 있어. 그런데 휴대폰으로 정보를 찾다 보면 또 다른 문제가 발생하기도 해.

5장

밥 먹을 때만이라도 휴대폰 좀 내려놔라!

이상한 점

부모님은 십대의 휴대폰
이용 시간에 집착한다.

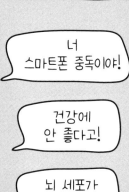

집에서의 갈등은 늘 이런 식으로 일어나. 학교 문제에 관한 갈등이 어떻게 시작되는지도 이미 확인했지.✿

너에게 필요한 건 '너만의 공간'이야.

부모님과 거리를 두는 일은 꽤 까다로워. 이 세상에는 다양한 법과 규칙이 존재하는데, 결정적으로 나이 제한이라는 것이 있어. 집 밖에서 십대들은 선택의 폭이 매우 좁아.

부모님이 "내 집에 사는 한, 내 규칙을 따라야 한다!"라고 말하면 너희는 화가 날 수밖에 없어. 네가 부모님 집에 사는 것 말고 달리 무슨 선택을 하겠어. 다른 곳에서 살게 해 줄 것도 아니면서!

(친구 집이라든가 공원이라든가 집 근처 햄버거 가게처럼) 가까운 곳에 갈 때조차도 어딜 가는지, 왜 가는지, 언제 돌아올지 말하라고 요구하고 굳이 데려다 주겠다고 고집하기도 해. 나가려는 이유가 부모님에게서 탈출하려는 것일 때에도 말이야. 정말 난감하지.

부모님은 네가 집을 마음 내킬 때 와서 잠만 자고 가는 곳으로 여기는 것을 정말 싫어해. (그러니 집이 무슨 호텔인 줄 아냐고 비난하는 거겠지?)

네가 집에 있으면 부모님은 짜증 내면서 잔소리를 해. 네가 집에 없어도 짜증 내면서 잔소리를 하고. 이건 네가 이길 수 없는 게임이야! 잔소리를 피하기 위해서 할 수 있는 일이라고는 집에서 입을 꽉 닫고

 ✿ 네가 잘 때는 어떤 식으로 갈등이 시작되는지도 살펴봤고.

있는 것뿐이야.

별로 유용한 해결책은 아니지. 너는 화분에서 자라는 식물이 아니니까. 너에게는 자극과 독립과 사회화가 필요해. 너만의 방식으로 세상을 탐험해야 한다고.

기술의 발전 덕분에 우리는 스마트폰과 태블릿과 노트북 컴퓨터와 게임기와 와이파이 같은 것들을 누리고 있어. 전자 기기는 신이 십대에게 준 선물이야. 너는 온라인 세상을 탐험하면서 사람을 만나서 교류하고 새롭고 활기를 주는 것들을 탐색해. 학교 과제를 위한 정보를 찾기도 하고 말이야. 이 모든 것이 클릭 한 번이면 가능해. 네가 완벽하게 주도권을 쥐고 있지.

그것이야말로 성숙 중이고 혼돈 상태인 너의 뇌가 원하는 것들이야!

무엇보다 이 모든 것을 집에서 할 수 있어. 한 자리에 앉은 채로. 아주 조용하게 말이지. 그러니 부모님도 흡족해해야 하지 않느냐고?

어… 근데 아닌 것 같아….

네가 좋아하는 전자 기기를 들고 시간을 보낼 때면 부모님은 여지없이 걱정과 비난을 장착하지.

네 폰✿✿은 집 밖의 세상과 너를 연결해 주는 매개체야. 부모님이 방해하거나 빼앗으려고 한다면… 너도 긍정적으로 반응하긴 힘들겠지.

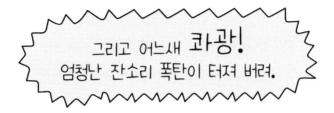

같은 것을 두고 너와 부모님의 생각과 느낌이 완전히 다르다는 사실을 보여 주는 또 하나의 예야. 부모님은 네 스마트폰을 의심스러운 눈으로 봐. 어쩌면 공포를 느끼는지도 몰라. 너는 정확히 반대야. 현대인의 필수품이자 유용한 도구이자 신분의 상징이자 사회 활동의 생명줄, 이 모든 것을 하나로 합쳐 놓은 물건이 스마트폰이야.

그렇다면… 누가 옳은 걸까? 언론은 항상 스마트폰의 위험성에 관해 이야기하고 부모님은 그 말을 너에게 들려주면서 경고해. 그런 주장은 진실일까? 스마트폰을 사용하면서 너는 서서히 자신을 죽이고 있는 걸까? 아니면 그런 걱정은 단지 의혹과 편집증과 구닥다리 잔소리의 산물일 뿐일까?

이번 장에서 한번 살펴보자.

☆☆ 이 장에서는 스마트폰에 초점을 맞출 생각이야. 내가 하는 이야기에는 태블릿, 노트북 컴퓨터, 게임기도 다 포함돼.

"나는 스마트폰 '중독'일까요?"

중독은 매우 심각한 상태야. 스마트폰 사용에 관해 이야기할 때 항상 언급되는 말이기도 하지.

진짜 중독은 중독을 일으킨 것을 계속 찾게 해. (대개는 마약이 그래. 도박도 중독을 일으키지.) 결국 그것 없이는 제 기능을 할 수 없는 지경에 이르고 말아.

현재까지, 스마트폰을 빼앗자 (신체적으로나 정신적으로) 제 구실을 못했다는 사람은 없었어. 그러니 부모님들이 뭐라고 주장하든 스마트폰이 진짜 중독성 있는 물건은 아니야.

스마트폰이 주변에서 일어나는 일에 상관하지 않고 강박적으로 확인하거나 계속 사용하는 행동을 유발하긴 해. 그래서 중독이라고 오해받아. 그 정도로 나쁘지는 않지만 그렇다고 대단히 이상적인 물건도 아니지.

스마트폰은 다양하고 풍성한 즐거움을 제공해. 소셜 미디어의 '좋아요', 플래시 게임, 셀카 필터, 채팅 등등 이 모든 것들은 즉각적이고 강렬한 즐거움을 꾸준히 제공해. 앞에서도 확인했지만 그런 쾌감은 성숙 중인 너의 뇌가 엄청나게 좋아하는 부류지.

쾌락 반응은
새롭고 참신할수록
더 강렬해져.

즐겁다고? 좋아. 즐겁고 새롭다고? 더 좋지! 스마트폰은 어떤 정보에나 접근할 수 있는데다 친구와 아이돌의 근황을 실시간으로 업데이트해 주고 새로운 정보를 끊임없이 공급해.

특히나 (지루한 수업이라든가 가족 모임처럼) 별로 즐겁지 않은 상황에서 너의 뇌는 집중하기 위해 이미 열심히 일하는 중일 거야. 그러니 손만 뻗으면 닿는 곳에 스마트폰이 있다는 사실은 엄청난 유혹이겠지. 마치 누군가가 귓전에 대고

스마트폰! 스마트폰! 스마트폰! 스마트폰! 스마트폰!
스마트폰! 스마트폰! 스마트폰! 스마트폰!

하고 속삭이는 상황과 비슷해.

그러니 학교에서 스마트폰은 방해만 돼. 아마 너도 잘 알 거야.

너는 스마트폰이 학습에 유용하다는 점을 강조하고 싶을 거야. 주머니 안에 계산기, 번역기, 지도, 무한한 정보의 도서관을 넣고 다니는 셈이니까.

하지만 서로 잘 통하는 친구가 가까이 있으면 수업 시간에 쉽게 산만해진다는 사실을 우리는 잘 알고 있어. 네 단짝 친구와 네가 좋아하는 사람들이 항상 옆에 함께 '존재'한다면 얼마나 정신을 집중하기 힘들지 상상해 봐. 스마트폰은 이런 환경을 마련해 줘.

스마트폰을 학교에 가져가기로 했다면, 스마트폰이 너에게 주는 유혹들을 무시하겠다고 굳게 마음먹었다는 뜻일 거야. 그런 노력을 다른 데 쏟는다면 어떨까? 이를테면 지루하지만 사는 데 꼭 필요한 공부 같은 데 말이야.✿

부모님이 주장(혹은 두려워)하는 것과는 달리 너는 스마트폰 중독이 아니야. 하지만 때로는 스마트폰을 내려놓고 다른 일을 하려는 노력이 필요해.

2019년 초반에, 영국왕립보건소아과학회(the Royal College of Paediatrics and Child Health)는 (스마트폰, 태블릿, 비디오 게임 등을 사용하는 시간을 가리키는 용어인) '스크린 타임'이 어린이와 청소년의 발달에 미치는 영향에 관한 최신 지침을 발표했어. 간단히 정리하면, 스

✿ 수업 시간에 스마트폰을 금지하는 규칙을 정한 학교도 많아. 일반적으로, 스트레스와 불안감이 낮아질 때 학업 성적이 올라. 한번 생각해 볼 만한 이야기야.

크린 타임이 어린이, 청소년의 뇌에 해를 끼치거나 영구적인 손상을 유발한다는 증거는 없다는 내용이었어. 하지만 절제하고 통제할 필요가 있다고 강조했지. 너희 부모님에게 의사가 와인에 관해 조언하는 것과 비슷해.

"스마트폰을 사용하면
건강에 해롭나요?"

스마트폰 자체는 안전한 물건이야. 스마트폰은 뇌에 자극을 주긴 하지만 신체에는 거의 자극을 주지 않아. 스마트폰을 들여다보면서 오랫동안 같은 자세로 앉아 있는 것이 안 좋은 영향을 미치기는 하지. 그건 분명히 건강에 좋지 않아.

특히 십대에겐 더 그래.

뇌도 그렇지만 몸은 활동을 하지 않으면 문제가 생겨. 특히 자극적인 호르몬이 넘쳐나고 빠르게 성장하는 시기에는 더 그래.

더욱이 (집안에서 스마트폰만 들여다보느라고) 햇볕을 쬐지 못하면 피부는 생명 유지에 꼭 필요한 호르몬인 비타민 D를 합성하지 못해. 유년기와 청소년기에 비타민 D가 부족하면 다양한 만성 질환에 걸릴 확률이 높아져.

(부상, 질병, 장애 등) 규칙적으로 운동을 하지 못할 이유는 아주 많은데, '스마트폰에 정신이 팔려서'도 그중 하나야.

스마트폰을 쥐고 화면을 계속 들여다보면 목과 어깨의 신경, 관절,

근육에 무리가 가지.

또 스마트폰을 지나치게 많이 사용하면 엄지손가락에 반복성 긴장 장애를 유발한다는 보고가 있어. 시력에도 문제가 생겨. 바로 앞에 있는 것만 계속 쳐다보면 시각 시스템은 가까운 곳에 초점을 맞추는 일이 전부라고 여겨서 먼 곳에 있는 물체에 초점을 맞추는 기능이 제 역할을 못 하게 돼. 즉, 안경을 써야 한다는 얘기야.

또 스마트폰에 정신이 팔려서 자동차에 부딪히거나 맨홀 뚜껑이 열린 것을 못 보고 다치는 일도 생겨!

사실 이런 사고는 생각보다 자주 일어나지는 않아. 하지만 유명하고 멋진 장소를 배경으로 위험천만한 사진을 찍다가 목숨을 잃은 사건이 여러 번 보도된 적이 있어.☆

너의 뇌는 스마트폰이 제공하는 모든 활동을 즐기겠지만, 네 몸 역시 활동이 필요해. 특히 집 밖으로 나가서 움직여야 해. 그러지 않으면 건강이 나빠져. 스마트폰 사용이 지나치면 그런 활동도 힘들겠지. 안타깝게도 스마트폰에 대한 부모님의 걱정은 대부분 옳아.

 ☆ '죽음'은 건강하지 못한 일이라는 데 동의하지?

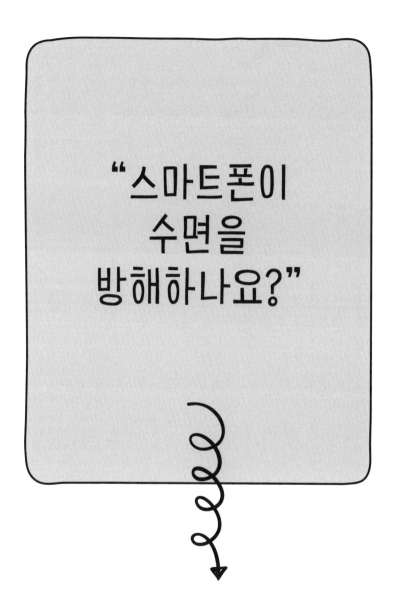

맞아. 2장에서 이 문제에 관해 이야기한 적이 있어.

"스마트폰을 많이 사용하면 사회성이 떨어지나요?"

맞기도 하고 아니기도 해.

부모님은 스마트폰에 푹 빠져서 밖에 나가지도, 사람을 만나지도 않고 그저 밝게 빛나는 작은 화면만 들여다보는 네가 걱정될 거야. 거기에 무슨 사회성이 존재하겠어?

그런데 스마트폰으로 대체 뭘 해? 대개는 문자나 소셜 미디어로 다른 사람과 소통하거나 재미있는 사진이나 영상을 주고받겠지. 그런 활동을 다른 말로 표현하면? 바로 사회성이야! 같은 공간에서 일어나지 않는다고 존재하지 않는 일은 아니지.

스마트폰으로 소통하고 상호 작용할 수 있는 사람의 수를 생각해 보면 오늘날의 십대들은 아마도 가장 사회성 좋은 인간일 거야. 통계에 따르면 다른 사람과 사귀고 소통하는 일은 스마트폰을 사용하는 주된 이유야!

진실을 받아들이세요, 부모님들!

하지만 좋은 점만 있는 것은 아니야.

얼굴을 직접 보면서 소통하는 일은 인생을 사는 데 꼭 필요해. 변하지 않는 진실이지. 온라인상에서 모든 것을 다 해결할 수는 없어.

현실의 관계에서는 온라인보다 훨씬 많은 일이 일어나. 감각 경험도 문자 메시지나 사진보다 훨씬 풍부해.

인간은 사회적인 종이라는 사실을 잊지 마. 우리는 서로 눈을 맞추고, 표정을 주고받도록 발달되었어. 뇌의 작용을 통해 확인 가능하지.

그런데 스마트폰을 쓰려는 유혹은 다른 사람들과 직접 상호 작용하려는 마음보다 훨씬 강해. 때로는 지나칠 정도야.

다른 사람과 대화할 때 스마트폰 화면에 메시지 알림이 뜨면 메시지에 바로 답하는 편이니? 많은 사람들이 그래. 그건 먼 곳에 있는 어떤 사람에게 대답하기 위해서 네 앞에 있는 사람의 말을 듣지 않거나 가로막는 행동이야. 이렇게 말하는 셈이지.

내 관심을 끌려고 먼 곳 어딘가에서 메시지를 보낸 이 사람이 누군지는 몰라도, 지금 이야기를 나누는 너보다는 훨씬 중요해.

정말 사회성
떨어지는 반응 아니니?
매우 무례한 행동이지.

학교에서도 배웠겠지만 사회성을 기르는 일은 중요해. 하지만 항상 즐겁지는 않아. 가끔은 싫증이 나기도 하지. 그렇지만 관계를 탄탄하게 쌓고 의사소통 기술을 연마하는 데 매우 중요한 과정이야. 그런 기술은 어른의 삶에 꼭 필요하지.

스마트폰은 온라인 상호 작용을 강화하는 반면, 실제 세상에서의 상호 작용을 방해하는 경우가 많아. 바로바로 새로운 것을 맛보게 해 주지만 현실의 대화는 그러기 힘들어. 너의 뇌는 메시지를 주고받으며 보내는 이모티콘이나 '좋아요'나 댓글을 즉각적인 보상으로 인식해. 여러 가지로 해석할 수 있는 애매한 대화에서는 좀처럼 보상을 얻기 힘들지.

그래서 십대인 너의 뇌는 바로 앞에 있는 사람보다 주머니 속의 스마트폰을 선택해. 그리고 이런 행동은 썩 유쾌하지 않은 결과를 낳지.

스마트폰은 '즐거운' 소통에 초점을 맞춰. 그런데 안타깝지만 인생은 항상 즐겁지만은 않아.

이 문제는 다소 애매한 면이 있어. 스마트폰이 뇌에 큰 해를 끼친다는 주장은 대부분 근거가 없거든.

몇몇 부모들은 '감각과부하'를 걱정하기도 해. 감각과부하란 감각 자극의 양과 강도가 감각 세포의 한계 수준을 넘어선 상태를 뜻해. 부모님은 전자 기기의 자극이 네가 처리하기 힘들 만큼 과할까 봐 걱정하는 거야. 그런데 생각해 봐. 깨어 있는 매 순간 너의 감각 기관은 완벽한 색감, 고해상도 화질, 서라운드 입체 음향을 후각, 미각, 촉각 자극과 함께 뇌에 쏟아 부어.

너의 뇌는 그런 자극을 무리 없이 처리하지. 그러니 작은 화면으로 영상을 보며 몇 시간을 보낸다고 해도 감각 세포가 고장 나기는 쉽지 않아. 자폐 성향의 사람들은 눈으로 실제 모습을 보는 것보다 화면을 통해 보는 방식을 좋아하는데, 일상생활에서 겪는 혼란에 비해 체계적으로 정보를 접할 수 있기 때문이야. 현실 세계와 비교해 보면, 스마트폰이 주는 자극은 약한 편이야.

"기억력은 어떤가요?"

스마트폰이 주요 인지능력을 교란하거나 방해한다는 말이 있어. 여기서 중요한 것은 너의 주의 집중 시간과 기억력이야.

사람들은 스마트폰이 뇌를 물리적으로 변화시켜서 기억력과 주의 집중력을 손상시킨다고 주장해. 스마트폰이 뇌 발달을 방해한다는 거지!

이런 주장에는 나름의 논리가 있어. 너의 뇌는 발달하고 성숙하는 중이고, 그 과정을 잘 처리하기 위해서는 특정한 경험을 해야만 해.

오늘날의 청소년들은 새롭고 흥미로운 콘텐츠를 끊임없이 제공하는 스마트폰을 손에 쥐었어. 역사상 처음 있는 일이지. 이제 십대들은 특정한 한 가지에만 관심을 쏟지 않아. 집중하거나 주의를 기울일 필요가 없으니 집중력은 발달하지 않아. 당연히 주의 집중 시간도 줄어들겠지.

또 스마트폰 덕분에 청소년들은 인터넷에 접속해서 필요한 정보를 찾을 수 있어. 어떤 사실을 간직할 필요가 없으니 기억하려고 노력하지 않아도 되겠지! 기억력은 제대로 발달하지 못할 거야!

자, 걱정을 뒷받침하는 논리가 꽤나 탄탄하지.

그게 사실이 아니라는 점만 빼고.

부모님이 신문을 한 면씩 들여다볼 때, 너는 스마트폰으로 여러 일을 동시에 하느라 엄청난 집중력을 발휘해. 그렇다면 스마트폰은 네 주의 집중력을 손상시키기보다 오히려 멀티태스킹 능력을 향상시키지 않을까?

끊임없이 뭔가를 찾아본다는 것은 새로운 정보를 엄청나게 많이 받아들인다는 뜻이잖아? 스마트폰이 네 기억력이 향상되도록 돕는 건 아닐까? 그 결과 네 기억 시스템은 커져야 하지 않을까?

이러한 주장은 부모들을 공포에 떨게 하는 주장만큼이나 논리적이야. 하지만 정반대의 주장들이기도 하지. 그러니 둘 다 옳을 리 없어.

그럼, 실제 과학적인 증거는 어떤 설명을 내놓을까?

사실 증거랄 것이 많지 않아. 스마트폰 사용에 관해 장기간 연구해서 결과를 내기엔 인류가 스마트폰을 사용한 시간이 그리 길지 않거든.

몇몇 연구에 따르면 스마트폰이 옆에 있을 때 사람들은 일에 집중하는 능력이 감소해.

인간의 뇌는 주의 집중 능력에 한계가 있어. 한 번에 두 가지 이상의 일을 해야 할 때 그런 경험을 했을 거야. 숙제를 하는데 부모님이 방 청소 좀 하라고 고함쳐. 때마침 네 형제나 자매가 뭔가를 말하려고 해. 너는 금세 정신이 사나워져서 모두에게 소리를 지르겠지.

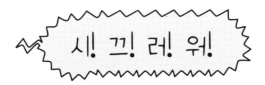

뇌는 여러 가지 요구에 집중하거나 동시에 여러 가지 일을 처리하지 못해. 결국 과부하가 걸리고 말아.

주의 집중 시스템은 무슨 일이 일어나기를 기다리지 않아. 무슨 일이 일어나겠다 싶으면 뇌는 앞에서 이야기했던 위험 감지 시스템을 작동하고 주의를 전환해서 조심하도록 준비시켜. 덕분에 너는 크게 놀라지 않고 대처하지.

별안간 (누군가의) 스마트폰이 울리거나, 음악을 재생하기 시작해. 바짝 경계하던 너의 뇌는 바로 낌새를 알아채고 만일의 경우에 대비해서 그쪽에 온 신경을 집중해. 동시에 다른 것에 대한 관심을 줄이지.

네가 침팬지 옆에서 일을 한다고 상상해 봐. 침팬지가 아무리 조용히 앉아 있다 해도 너는 신경이 쓰일 거야. 하지만 사람들은 침팬지가 네 주의 집중 시간을 망친다고 불평하지 않아!

> 주머니에
> 침팬지를 넣고 다닐 사람은
> 없을 테니까!

일부 연구 자료는 스마트폰을 지나치게 많이 사용한다고 인정한 사람들의 주의력과 집중력을 측정한 테스트 결과가 좋지 않았다는 걸 보여 줘.

이 글을 읽으면 스마트폰이 주의 집중 시간과 집중력을 해친다고 결론 내리고 싶을 거야. 그런데 연구가 실제로 증명한 바가 주의 집중 시간이 길지 않고 집중하는 데 어려움을 겪는 사람들이 스마트폰을 더 자주 확인한다는 내용이라면 어떨까? 집중력 낮은 사람들은 정말 그렇잖아? 닭이 먼저냐 달걀이 먼저냐 하는 상황이지. 우리는 무엇이 먼저인지 몰라.

또 다른 연구에서는 스마트폰과 전자 기기가 기억력을 손상시켜서 정보를 기억하는 능력을 제한한다고 주장해. 그런 연구 대부분은 네가 스마트폰에 집중하고 있다는 사실로 요약되지. 예를 들면, 스마트폰으로 사진을 찍을 때 너는 스마트폰에 집중해. 스마트폰이 없다면 네가 사진 찍고 있는 대상에 집중을 할 테지. 즉, 사진이 찍힌 대상은 뇌의 한쪽에 자리잡고 영원히 남을 세세한 기억을 비교적 쉽게 만들어 낼 거야. 이 과정에 스마트폰이 추가되면 좀 복잡해지겠지.

부모님이 너더러 영상은 그만 찍고 그냥 즐기라고, 즉 '그 순간을 살라'고 말하는 데는 다 이유가 있어.

스마트폰이 뇌에 미치는 영향을 조사한 연구들도 있는데, 결정적인 증거를 발견하지 못했어. 스마트폰이 해롭다는 사실을 증명하려던 연구들은 스마트폰이 어떤 영향도 미치지 않는다고 결론지었어. 좋은 영향도 끼치지 않는다고 말이야.

어떤 연구들은 1인칭 슈팅 비디오 게임이 인지 능력을 높일 가능성이 있다는 결과를 보여 주기도 했어.

그럴 만도 해. 전투에 참여하면 제때 무기를 변경하고, 저격하고, 팀원들과 보조를 맞추고, 서로를 엄호하는 등 여러 임무가 무작위로 빠르게 주어지거든. 모두 제대로 수행하려면 만만찮은 지적 능력이 필요해.

하지만 이런 결과는 부모님 사이에서 인기를 얻지 못하지. 아쉽지 뭐야.

  결국 스마트폰이나 다른 전자 기기가 집중력을 떨어뜨리고 주의를 산만하게 한다는 사실은 맞지만, 뇌에 영구적인 손상을 입힌다는 증거는 없어. 스마트폰은 다양한 일을 해. 즉, 뇌의 일을 대신 한다는 뜻이야. 그렇다고 뇌가 그런 능력을 잃는다는 의미는 아니야.

우리는 스마트폰이 어떤 위험을 품고 있는지 확실히 알지 못해. 그 이야기를 논하기에는 아직 이른 감이 있어.

  스마트폰이 100퍼센트 안전하다는 뜻은 아니야. 스마트폰 사용이 지나치면 위험하다는 것도 사실이고. 특히 발달 중인 너의 뇌에는 더욱 그래.

"사람들과 어떻게
어울려야 하나요?"

스마트폰을 사용할 때 특별히 염려되는 부분이 한 가지 있어.

바로 소셜 미디어야.

너는 소셜 미디어 계정을 몇 개나 가지고 있니? 너는 마흔이 다 된 내가 들어 본 적도 없는 소셜 미디어에서 활발하게 활동 중일지도 모르겠다. 그곳 계정 역시 네 생활을 다른 사람과 공유하고 또 상대방의 근황을 확인하는 식으로 돌아가겠지.

소셜 미디어가 그렇잖아. 해로울 일이 뭐가 있겠어?

그런데 사실, 단정하기는 어려워. 많은 사람들이 소셜 미디어의 영향력을 걱정해. 특히 십대들을 염려하지. 최근에는 소셜 미디어에서 많은 시간을 보내는 십대들에게서 정신 건강상 썩 좋지 않은 징후가 관찰된다는 보고가 있었어.

어떤 징후냐고?

좋은 질문이야.

먼저, 소셜 미디어는 끊임없는 자극과 참신함으로 네 정신을 깨어

있도록 해. ✨

더 중요한 점은 소셜 미디어가 앞 장에서 다룬 특징과도 연결되어 있다는 거야. 인정받고 애정을 얻고 싶은 욕구 말이야. 그런 욕구가 청소년의 압박감과 스트레스와 불확실성의 원인이 되기도 한다는 점 역시 확인됐지.

소셜 미디어는 이 모든 것을 책임지는 뇌의 영역을 자극해. 어떤 면에서는 좋은 일이야. 하지만 정말 나쁜 점도 있어.

우리는 다른 사람의 애정을 원해. 우리는 뇌가 본능적으로 자신을 유리하게 표현하기 위해 수단과 방법을 가리지 않는다는 것을 확인한 바 있어. 기억 나지? 소셜 미디어는 이런 욕구를 완전히 다른 차원으로 끌고 가 버려.

소셜 미디어는 사용자가 어떤 모습으로 보일지 선택하고 꾸밀 수 있도록 막강한 권한을 부여해. 너는 셀카 사진을 수백 장 찍은 뒤 가장 잘 나온 사진을 골라서 소셜 미디어에 공유해. 흠결 하나 없는 최고의 모습을 게시하는 거지.

그뿐 아니라 완벽한 게시글, 댓글을 올리기 위해 단어 선택에 신중을 기해. (배송을 '배설'이라고 쓰는 바람에 두고두고 놀림거리가 되어서는 안 되잖아.)

소셜 미디어는 수많은 사람들과 쉽게 접촉하게 해 줘. 이젠 수백,

✨ 기억하지? 앞에서 한 장을 통틀어 그 이야기만 했잖아.

수천 심지어 수백만 명과 소통하면서 인정받는 일도 가능해. 네 유튜브 채널이 잘만 된다면 말이야.

친구 요청이나 팔로우 신청, 사진이나 글을 공유하는 일, '좋아요'를 받고, 응원하는 댓글이 달리고, 웃는 얼굴 이모티콘이 붙는 등, 이 모든 것은 사람들이 너를 인정하고 좋아한다는 증거야.

소셜 미디어에서는 얼굴을 맞대고 소통하기 위해 따로 노력하거나 위험을 감수할 필요 없이 호감을 얻고 인정받을 기회가 많아.

그런데 십대의 뇌가 거절을 두려워하고 인정을 갈구한다는 점을 생각해 보자. 소셜 미디어는 엄청난 유혹일 거야. 그건 배고픈 고양이에게 신선한 우유가 가득 든 커다란 통을 내미는 일과 다르지 않아.

그런데 고양이가 우유를 아무리 좋아한다 해도, 우유로 가득 찬 통 속에 빠진다면 죽고 말겠지.

아무리 좋은 것이라도
지나치면 독이야.
소셜 미디어도
마찬가지야.

비현실적인 관점

먼저, 소셜 미디어에서는 현실에서보다 누군가를 괴롭히기가 훨씬 쉬워. 안전거리가 확보되고 보복당할 기회는 줄어드는 데다가, 괴롭힘 가해자들에게 다른 사람을 끌어내리는 데서 얻는 쾌감은 상당한 유혹이겠지. 그래서 악의적인 글을 올리는 짓을 일삼는 거야.

다른 위험 요소들은 명백히 밝혀진 바가 없어.

이렇게 생각해 봐. 소셜 미디어에서는 너에게 가장 유리한 방식으로 자신을 드러낼 수 있어. 사람들은 그 모습을 좋아하고 존중해 줘. 그런데 모두 다 그렇게 하고 있어! 기억할 거야. 우리는 타인과 상호작용하고 비교하면서 자신만의 가치를 발견하고 자부심을 키워.

소셜 미디어에서 사람을 바라보는 시각은 굉장히 비현실적이야.

너와 너의 성숙 중인 뇌에 가해지는 모든 요구와 압력과 스트레스 때문에 십대 시절에는 낮은 자존감에 시달리며 고통받기 일쑤야. 소셜 미디어가 긍정적인 경험과 함께 다양한 즐거움을 선사해 주긴 하지만 동시에 다른 사람들의 행복하거나, 아름답거나, 성공하거나, 셋 다 가진 모습이 무작위로 쏟아져 들어오기도 해.

또는 자신이 그런 사람이라고 내세우는 모습들을 접하지. 특히 인스타그램의 '인플루언서'들은 화려한 광고에서 보여 주는 삶을 실제로 살고 있는 듯 보이기도 해.

실제로는 그렇지 않겠지만 말이야. 적어도 항상 그런 모습으로 살지는 않겠지. 하지만 네 눈에 보이는 것은 좋은 이미지뿐이야.

만약 시험을 봤는데, 선생님이 맞은 문제만 세고 틀린 문제는 없던 것으로 친다면 모두가 100점을 받겠지. 너희 반은 천재들의 집단처럼 보일 거야.

하지만 그건 사실이 아니잖아. 친구 A는 머리를 책상에 접착제로 붙여 놓기라도 한 듯이 엎드려만 있고, 친구 B는 돌고래가 동화책에나 나오는 생물이라고 철썩같이 믿고 있어. 천재들이 그럴 리가 없잖아. 상황을 제대로 이해하기 위해서는 긍정적인 면뿐만 아니라 부정적인 면도 알아야 해. 인간의 뇌는 삶의 부정적인 측면을 감추거나 대단치 않게 여기려고 진작부터 애써 왔어. 소셜 미디어는 이런 경향을 부추기지.

행복한 사람들과 멋진 일상을 보여 주는 게시물을 훑으면서 너의 편집되지 않은 삶과 비교하면 기분은 점점 우울해지기 마련이야.

너는 자신의 문제에 관해서만 알아. 너는 그 안에서 살고 있잖아. 너와 같은 문제를 가진 사람은 아무도 없는 것처럼 보이겠지. 이런 (잘못된) 정보에 기초해 판단하면 너는 결점투성이에 부족한 존재라고 결론 내리기 쉬워. 자존감은 심각한 손상을 입고, 기분은 나빠지고, 스트레스는 치솟겠지. 그러면 다른 사람들의 게시물에 집착하며 계속 확인할 테고, 결국 어떤 일이 벌어질지 우리는 알아.

불안
감정 장애
우울증

우울증의 증상 중 한 가지는 왜 자신이 나쁘고, 결점투성이이고, 무가치한지에 집중한다는 거야. 그런 생각들은 계속 반복돼.

결론적으로 소셜 미디어를 지나치게 많이 접하면 정신 건강을 해쳐.

활기차게 움직이자

밖으로 나가면 어떤 일이 벌어질까. 나가서 사람들에게 말을 걸고, 활동적으로 움직이고 네 감정을 마음껏 표현하면 어떨까? 이런 활동이야말로 정신 건강상의 문제를 해결하는 데 도움이 된다는 증거가 많아. 나누고 표현하면 정신 건강과 행복에 관해 이해하는 데 도움이 될 뿐만 아니라, 자아 존중감이 높아지고 공동체 의식과 소속감이 느껴져. 유익한 점이 아주 많지.

작은 실천도 많은 변화를 이끌어 낼 수 있어. 부모님은 네 행동을 보고 걱정을 내려놓을 테고, 네가 스마트폰을 사용할 때도 크게 신경 쓰지 않을 거야. 부모님은 지금껏 상황을 과장해서 겁 주는 이야기만 접했을지도 몰라. 온라인 세상의 긍정적인 측면에 관해 들으면 관심이 생기지 않을까?

지금까지 소셜 미디어가 스트레스를 일으키는 경우를 살펴봤어. 넌 아직 이런 측면을 실감하지 못할 수도 있어. 소셜 미디어는 재미있잖아. 선택할 것이 얼마 없는 삶에서 네가 직접 선택할 수 있지. 그런 까닭에 너는 소셜 미디어를 문제라고 볼 가능성이 낮아.

부모님이
"SNS에 너무 많은
시간을 쏟는 것 같다"라고
할 때만큼은
일리 있는 말을
하는 거라고 생각하자.
항상 그렇다는 건
아니고.

부모님 vs 스마트폰

스마트폰에는 나쁜 것도 있지만 좋은 것도 있지.

이런 특징 때문에 스마트폰을 두고 부모와 자녀 사이에 논쟁이 그칠 날이 없는 것 같아.

왜 이런 일이 벌어지는 걸까? 한 가지 이유 때문이야. 일단 신념이나 의견을 정하고 나면 우리는 마음을 바꾸길 꺼리는 경향이 있어.

뇌가 작동하는 방식이 그렇거든. 우리는 굉장히 많은 정보를 처리해서 결론을 내려. 그러기 위해서 뇌는 바쁘게 돌아가는데, 같은 과정을 처음부터 다시 시작하는 일을 좋아하지 않지. 그런 탓에 사람들은 자신의 견해에 부합하는 정보나 주장에 매달리고 자신이 틀렸다는 정보는 부정하거나 무시해.

어떤 사안을 두고 부모님과 생각이 달라서 언쟁을 벌일 때, 너는 절대 동의하고 싶지 않겠지! 양쪽 모두 한 치도 물러설 마음이 없을 거야.

이상할 것 없어. 사람의 뇌는 그런 식으로 작동하거든. (정도의 차이만 있을 뿐이야.)

부모님들은 이미 스마트폰을 경계하고 있기 때문에 자신들의 의혹을 뒷받침해 주는 주장을 믿으려 할 거야. 증거가 거의 없는데도 스마트폰의 위험성에 관한 주장이 널리 퍼진 이유는 바로 그 때문이야.

그럼 애초에 부모님은 왜 스마트폰과 다른 전자 기기에 의혹을 품기 시작했을까? 역사를 거슬러 올라가면, 어른들이 인쇄기가 만들어 내는 위험에 대해 분노하면서 경고를 하던 때가 있었어! 그래, 독서도 한때 해롭다고 여겼다니까! 세상은 이렇게나 변했어.

내가 어렸을 때는 비디오 게임의 위험성을 두고 언론 매체들이 난리가 났었지. 게임은 어린이와 청소년들이 폭력을 동경하고 직접 행동으로 옮기는 원인이 된다나!

그 당시 비디오 게임 그래픽은 투박한 애니메이션 같았어. 그때 격분했던 기자들이 사방으로 피가 튀고 뼈가 산산조각 나는 오늘날의 사실적인 슈팅 게임을 보면 뭐라고 생각할까? 컴퓨터 게임에 익숙해지자 사람들의 관심은 소셜 미디어로 옮겨 갔지.☆

일반적으로 부모들은 새로운 기술을 두고 의심부터 해. 지금은 역사 이래로 매우 독특한 시대야. (장담할 수는 없지만) 아마 다시는 없을 시대이기도 하지. 그래서 갈수록 의심은 더 커져.

☆ 소셜 미디어가 해롭기만 하다고 주장하는 어른들은 한때 비디오 게임을 하며 자란 바로 그 아이들일 가능성이 커. 게임을 했다는 이유로 그분들에게 무슨 문제가 있는 것은 아닐 거야. 그런데 소셜 미디어가 어떻다고? 뭔가 부자연스럽잖아!

디지털 원주민과 디지털 이주민

지금 우리는 디지털 이주민인 세대가 디지털 원주민인 세대를 양육하는 세상에 살고 있어.

그게 무슨 뜻일까?

우리 부모님들이 어릴 때는 세상에 인터넷이 없었어.

인터넷의 출현은 한 단계 업그레이드된 스마트폰처럼 기술적 편의성이 좋아졌다는 의미가 아니야. 인터넷은 세상이 돌아가는 방식을 완전히 바꾸어 놓았거든!

부모님은 인터넷이 세상에 들어오는 모습을 목격했어. 부모님이 태어날 당시는 온라인, 즉 '디지털' 세상이 아니었지만 지금은 그렇지. 부모님은 완전히 다른 세상으로 이주한 디지털 이주민이야. 성인이 되어서 새로운 세상에 도착했기 때문에, 새로운 언어를 제대로 구사하지 못한 채 조금씩 규칙을 배운다는 기분으로 살아.

너는 디지털 세계에서 태어났으니 토종인 셈이지. 즉, 디지털 원주민이야. 너는 엄지와 검지를 움직여 화면 속의 그림을 확대하면서 자랐어. 걸음마를 뗄 무렵부터 손만 뻗으면 스마트폰이 있다는 걸 알았지. 기억나겠지만 유년기와 십대의 뇌는 유연하고 변화에 적응하는 능력도 뛰어나. 반면 너의 부모님에게 인터넷(과 스마트폰 등 현재 디지털 세계에 접속하는 주요한 방식)은 뇌가 발달과 성숙을 완료했을 때 등장했지.

많은 부모님들은 새로운 현실을 받아들이고 적응할 만큼 유연하지는 않아.

최근의 기술 발달과 관련된 것들을 배울 수는 있지. 그래서 많은 어른들이 온라인 혁명을 받아들이고 누릴 방법을 배웠어.

하지만 새롭고 낯선 기술에 대한 경계심을 풀지 못한 어른들도 있었어. 어린 시절에 형성된 정상의 기준에 대한 이해에서 비롯된 관념 때문이지.

오늘날의 십대들에게 어른들은 인터넷이 없던 시절에 살았다고 말하면 나무가 생기기 전의 시대에 살았다는 말로 이해할 거야. 십대나 어른이나 모두 당황하겠지. 나무는 항상 있었잖아. 십대는 인터넷이나 인터넷과 관련된 모든 것을 그렇게 인식하는 거야.

너와 부모님은 스마트폰과 관련 기술에 관한 접근 방식이 완전히 달라.

부모님이 기술에 관해 너에게 말하는 상황은 이제 막 배우기 시작한 외국어로 더듬더듬 말하는 것과 비슷해. 너는 그 언어를 유창하게 구사하지. 만약에 부모님과 대화하면서 '갑통알' '스불재' '제당슈만' 같은 말을 쓴다면 부모님은 멍하니 쳐다볼 거야.☆

부모님들 중에는 자녀의 수준에 맞춰 의사소통하려고 노력하는 분들도 있어. 한번은 마트에 다녀오던 길에 한 어머니가 십대 아들에게 이렇게 말하는 걸 우연히 들었지 뭐야.

> 여기가 핫플레이트라며?
> 인스타에 해시포테이토 붙여서
> 올려 볼까?

그다음에 무슨 일이 일어났는지는 모르겠어. 민망해서 자리를 피해 버렸거든.

테크놀로지를 바라보는 태도의 차이는 갈등과 논쟁을 심화시켜. 특히 부모 자녀 관계가 안 좋다면 더 그렇겠지.

부모님은 너보다 나이와 경험과 지혜가 많은 반면 너는 여전히 배

 ☆ 그래, 나도 인터넷에서 하나하나 찾아봐야 했어.

우고 자라는 중이야. 그래서 부모님에게 더 힘이 실리고 자녀를 통제하게 돼.

그런데 보다시피 현대 기술과 온라인 문화는 부모님보다 청소년 자녀들이 더 잘 알아. 시시콜콜 따지는 십대에게 체면을 차리려고 애쓰면서 와이파이 라우터를 재설정하는 방법이나 페이스북에 사진 올리는 방법을 묻는 모습을 상상해 봐!

집 밖 현실 세계에서 생활할 때 부모님은 네가 어디서 누구와 무엇을 하는지 알아낼 수 있고, 행여나 네가 곤란한 일을 겪으면 도와줄 수도 있어. ☆☆

하지만 온라인상에서의 너의 행보에 관한 한 대부분의 부모는 사사건건 개입하기 어려워. 너는 12살 소녀의 프로필을 걸어 놓은 45세의 음침한 인간과 대화하면서 광신적 종교 집단에 들어오라고 설득당하는 중일 수도 있어. 부모님은 그 사실을 전혀 모르겠지. 설령 안다 해도 부모님이 할 수 있는 일은 많지 않아.

이런 상황을 좋아할 부모는 없어. 부모님이 스마트폰이나 전자 기기를 의심스럽게 바라보는 것이 이상하니? 너에게 그런 기기는 그저 또 하나의 (매우 유용하고 즐거운) 세계일 뿐이야. 스마트폰에 분노하다니 상식적으로 이해가 가지 않겠지. 부모님에게 스마트폰과 전자 기기는 자녀와의 관계를 손상시키는 새로운 물건이야. 엎친 데 덮친 격

☆☆☆ 부모님들이 자녀에게 스마트폰을 마련해 주는 이유가 바로 그 때문이지.

239

으로 부모님의 어린 시절 경험과는 비교조차 할 수 없지. 그때는 스마트폰 같은 것이 없었으니까.

이런 상황은 너에게도 좋지 않아.

십대는 권위적인 태도, 독립성을 인정하지 않는 분위기를 싫어하는 성향이 있잖아. 그런데 부모님은 스마트폰 사용을 두고 툭하면 훈계를 늘어놓으려 해. 스마트폰에 관해서 너만큼도 알지 못하니 상황은 점점 심각해져.

여기서 꼭 기억해 두자. 스마트폰은 화를 돋우는 도구가 아니야. 너에게는 수많은 친구들과 (부모님과 사회는 진심으로 막는) 더 넓은 세계로 연결해 주는 수단이지. 왜 어른들의 근거 없는 두려움 때문에 그 모든 것을 포기해야 하지?

"네 스마트폰은 위험해.
내 스마트폰은 끝내줘."

부모님이 규칙을 지키지 않는다면 어떨까? 자신들은 스마트폰으로 계속 뭔가를 하면서 너에게는 가족과 소통하지 않고 스마트폰만 들여다본다고 야단인 사람이 누구지? 자기들이 하면 '일'이니까 괜찮다며 변명만 늘어놓고!

그게 어떻게 이유가 돼? 너는 "제가 스마트폰을 사용하면 위험하고 예의 없는 행동일까요?" 하고 물어야 할지도 몰라. 그분들에게 네가 왜 스마트폰을 사용하는지는 궁금하지도 중요하지도 않아!

혹시 스마트폰이 부모님의 융통성 없는 뇌보다 성숙 중인 너의 뇌에 더 위험한 걸까? 아직 확실한 증거는 없지만 완전히 부정할 수는 없어.

우리가 분명히 말할 수 있는 한 가지는 부모와 십대들 모두 스마트폰을 지나치게 사용한다는 점이지. 청소년들은 스마트폰의 단점과 위험 요소를 무시하는 경향이 있는 반면, 부모님들은 스마트폰이 위험하다고 주장하면서 뻔뻔하게 혜택을 누려.

(그럴 일은 없겠지만) 인터넷이 사라지거나 다른 무엇인가로 대체되지 않는 한, 이런 일은 계속해서 일어날 예정이야. 만약 너에게 자녀가 생기면 온라인상에서 벌어지는 일에 관해서 너의 부모님보다 훨씬 많이 알 테니 아이를 좀 더 잘 이해할 수 있을 거야.

잘 아는 만큼 아이들과 말싸움을 할 수도 있어. 어쩌면 네 부모님의 현대 버전 같은 말을 하고 그분들처럼 소리를 지를지도 몰라. 이렇게 말이야.

> 내가 네 나이였을 땐 말이야,
> 인스타그램 팔로워가
> 500명밖에 안 됐는데,
> 그래도 만족하면서 살았다!

물론 그때쯤이면 인스타그램은 증기기관차나 전축처럼 구식이면서 어딘가 진기한 느낌을 줄 테고, 네 자녀들은 그런 말을 한다고 너를 비웃겠지.

문제 진단

문제

부모님은 스마트폰을 너무 많이 사용한다면서 잔소리를 한다. 스마트폰은 너에게 생명줄이나 다름없다. 네가 스마트폰을 들여다보는 이유는 부모님을 상대하는 일보다 훨씬 쉽기 때문이기도 하다. 그러나 그 때문에 계속 싫은 소리를 듣고 갈등이 생긴다.

결과

스마트폰을 두고 말싸움을 해 봤자 모두에게 점점 더 불리해질 뿐이다. 현재 상태만으로도 갈등을 빚을 일이 넘치기 때문에 너로서는 스마트폰과 온라인 세계로 도망쳐서 마찰을 피하는 방법밖에 없다. 스마트폰 사용을 두고 말싸움을 하면 너는 반항심, 보복심과 더불어 독립심을 유지하려고 스마트폰을 더 많이 하는 결과를 낳는다. 그럴수록 건강이 안 좋아질 가능성이 높다.

해결 방법

1. 가장 먼저 해야 할 일은, 정말 스마트폰을 지나치게 사용하는지 스스로 질문하는 것이다. 스마트폰 사용 시간이 합리적이라면 달리 무엇을 하지 않아도 된다.

2. 스마트폰 없이 집 밖에서 몇 시간 정도 보내면서 어떤 일이 벌어지나 살펴보자. 기운이 나지 않고, 불안하고, 초조하고, 짜증이 나는가? 이런 증상은 네가 스마트폰에 지나치게 의존한다는 증거다.

3. 가끔은 스마트폰 없이 산책을 하거나, 계속 확인하지 못하도록 손 닿지 않는 곳에 두고 알림을 꺼 놓자. 스마트폰에게서 분리되고 독립되는 느낌을 받을 수 있을 것이다.

4. 소셜 미디어 접속을 줄이려고 노력 중이라면 오히려 '적극적'으로 소셜 미디어를 사용하는 방법이 도움이 된다는 연구도 있다. 소셜 미디어에 휘둘리지 않고 네가 주체가 되어 이용한다는 점이 중요하다.

5. 부모님에게 스마트폰이 있다면 스마트폰 사용을 줄이는 데 동참해 달라고 부탁해 보자. 부모님이 식사 시간에는 스마트폰을 보지 말라고 한다면 부모님에게도 같은 규칙을 지켜 달라고 요청한다. 아니면 외출할 때 모두 함께 스마트폰을 두고 가자고 제안한 다음 반응을 보는 방법도 있다.

부모님이 동의한다면 정말 잘된 일이다. 만약 싫다고 한다면 다음에 부모님이 너의 스마트폰 사용을 두고 안타까운 마음을 드러낼 때 무기로 삼을 만한 약점을 획득한 것이고.

그런데 결국, 부모님도 사람이니만큼 틀릴 가능성이 있어….

6장

나이 들면 다 이해하게 될 거다!

부모님은 '나 때는 이러저러했다'라는 식의
케케묵은 정보를 들먹이며 모든 문제를
잘 알고 있다고 생각하는 경향이 있다.

내가 그렇다면
그런 거야.

이제 이 책도 막바지에 다다랐으니 진짜 중요한 이야기를 해야겠어. 받아들이기 힘들겠지만, 부모님이 뭔가를 못 하게 할 때는 그러는 것이 옳을 수도 있기 때문이야. 부모님이 항상 잘못된 것은 아니라는 뜻이지.

십대인 너의 뇌는 다양한 것들을 능숙하게 해내. 하지만 네 결정이 어떤 결과를 불러올지 냉정하고 논리적으로 따져 보는 일에는 별로 능숙하지 않아. 어른과 비교해 볼 때 조금 더 노력이 필요하다는 뜻이야.

감정과 충동이 강렬하게 분출될 때가 있다는 점도 인정할 거야. 그 탓에 과격한 행동을 할 때도 있고, 술과 약물에 손을 대는 해서는 안 되는 일을 할 수도 있어.

통계에 따르면 청소년들은 (운전이 허락된 경우에는) 자동차 사고와 강력 범죄에 연루될 가능성도 훨씬 높아. 긴장되는 상황에서는 침착해야 하는데 그건 십대들의 특징이 아니잖아!

그때 부모님의 강한 통제 본능이 빛을 발해. 네가 위험한 상황에 처하지 않도록 막을 수 있는 분들이잖아. 물론 네가 부모님의 말을 듣는 것이 먼저야. 안타깝게도 십대인 너의 뇌는 썩 내키지 않겠지.

그리고 자녀가 십대가 되면 부모는 성생활 걱정부터 해.

터놓고 말해 보자. 부모님과 성에 관해 이야기하는 일은 정말 어색해. 부모님들도 너만큼이나 좋아하지 않아. 너는 그분들의 자녀야! 부모님인들 네가 그런 일을 하는 모습을 상상하고 싶겠어?

인간의 성욕은 놀라울 정도로 강해. 특히 십대 때는 호르몬이 넘쳐나잖아. 부모님도 그 시기를 지나왔으니 네가 그 일을 경험하고 싶어

한다는 점을 알아. 하지만 부모님도 유용한 지식은 없는 상황이지.☆
성생활에는 여러 가지 위험 요소가 따라. (원치 않는 임신을 하거나 질병
에 걸릴 수도 있고 경험이 미숙해서 상처를 입기도 해.)

부모님은 네가 그런 일들을 피하길 원해. 그러니 자신의 지혜를 나
눠 주려 할 거야. 본인들에게 벼락이 떨어지도록 온 세상 사람들이 한
마음으로 비는 한이 있더라도 당황스러운 일만은 막고 싶을 거야.

부모님의 뇌는 이미 성장을 마쳤어. 더 이상 자라지 않는다는 얘기
지. 이 부분이 중요해. 그분들은 네가 강하게 끌리는 일의 위험성을
매우 잘 알아. 너의 안전과 행복에 관해서는 특별히 더 신경 쓸 거야.
그거야말로 부모님의 최우선순위니까. 부모님은 나이도 많고 경험도
많고 지식도 많지. 일이 어떻게 돌아갈지도 잘 알아.

그래서 부모님의 말을 들어야 하는 거야. 침착하고 분별력 있는 뇌
덕분에 그분들의 판단은 대부분 잘 맞아떨어져.

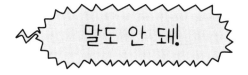

☆ 이 분야는 온라인 검색이 그다지 도움이 되지 않아. 온라인 검색 결과는
대부분 포르노그래피가 뜨거든. 하지만 포르노그래피와 실제 성생활은 인
스타그램과 일상생활의 관계와 같아. 아주 약간 비슷해 보이는 면이 있지만
포르노그래피를 정상적인 것으로 취급하면 현실 세계에서 문제를 일으킬
수 있어.

그래, 부모님은 여러 면에서 옳겠지, 하지만… 항상 옳을까? 그럴 리가!

기억날 거야. 네 수면 습관을 고치려는 부모님의 시도는 오히려 수면 패턴을 엉망으로 만들어 버려. 네 숙제를 두고 한소리 하려던 부모님의 노력은 오히려 역효과를 낳았고. 온라인 문화에 관해서는 너보다 잘 모르는 것이 확실해. 그런데도 너에게 설교를 늘어놓았을 거야. 네 정신 건강에 관해서는 어땠지? 흐음….

부모님이 삶의 지혜를 나눠 주는 건 좋아. 하지만 그 지혜가 틀렸다면 어떨까?

실제로 그런 일이 자주 있거든. 지금까지 다룬 것들에는 특별한 공통점이 있어. 부모님이 이해하는 바에는 대개 다음과 같은 문제가 있더라고.

부모님은 십대인 여러분들보다 여러 면에서 뒤처졌다는 것.

- 너는 더 이상 어린아이가 아니야. 그런데 부모님은 네가 아이처럼 행동하지 않으면 실망해.

- 부모님은 스마트폰과 인터넷에 대해서 필요 이상으로 의심해. 현대 생활에서 가장 중요한 부분을 차지하고 있는데 말이야.

- 네가 유튜버가 되겠다고 하면 부모님은 비웃고 무시하면서, 정작 자신들이 젊었을 때에 했던 '시시한' 것들은 좋다고 생각하지.

- 부모님은 네가 좋아하는 음악을 '쓰레기'라고 비하해. 자신들이 좋아하는 음악은 지루하고 따분한 소음 같은데 말이야.

부모님의 머릿속에서 일어나는 일과 네 머릿속에서 일어나는 일 사이에는 시차가 존재해. 생물학적 성별, 사회 문화적 성 역할, 정신 건강, 정치적 견해 등등 중요한 문제를 바라보는 부모님의 관점과 이해도는 수년 혹은 수십 년은 뒤떨어져 보이기도 해.

세상을 좀 더 현대적인 관점에서 봤으면 하는 마음에 부모님을 설득하려 해도 부모님은 생각을 바꿀 마음이 없어 보여. 손가락으로 귀를 막고 노래하는 모습과 비슷하지.

성인의 뇌는 변화를 받아들여야 할 때 굉장히 보수적인 태도로 맞서. 자신의 열기구가 네 헬리콥터보다 빠르다고 바득바득 우기는 사람처럼 말이야.

부모님도 논리적이지 않은 행동을 해. 젊었던 시절을 무슨 황금기인 양 말하면서 '나 때는 모든 것이 이치에 맞았다'라고 주장하는 식이지. 우스꽝스러운 헤어스타일에 와이파이도 없고 TV 채널은 4개뿐인데다가 커피 맛은 끔찍했던 암울한 시대를 두고 그렇게 말한다고.

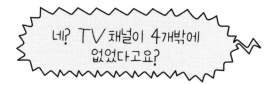

네? TV 채널이 4개밖에 없었다고요?

가장 큰 문제는 이거야. 너는 십대고 세상이 돌아가는 이치를 배워 가는 중이라는 것. 부모님은 아직 네 삶에서 큰 부분을 차지하고 있고. 그러니 네 성장의 많은 부분이 부모님의 영향을 받을 거야.

대부분은 나쁠 것이 없지. 사실 꼭 필요하기도 해. 부모님은 인생의 지혜를 나눠 주면서 시대에 뒤떨어진 관점이나 생각을 너에게 과감히 흘려보내기도 할 거야. 너는 현시대와는 조금씩 어긋난 관점과 생각을 받아들이고 믿겠지. 이것은 심각한 문제를 일으키기도 해.

그런 까닭에 부모님과 의견이 다르다고 해서 반드시 나쁜 것만은 아니야. 너도 옳을 때가 많아. 어른들의 뇌가 작동하는 방식 탓에 부모님이 상황을 받아들이기 힘들 뿐이야. 부모님이 잘못 아는 부분을 네가 짚어 낸다면 부모님은 구태의연한 변명을 둘러대.

"너도 나이 들면 다 이해하게 될 거다!"

'나이가 들면' 이해하게 될 수많은 것들이 지금은 대체 왜 문제일까?

"부모님이 젊었을 때는
정말 상황이 더 좋았나요?"

부모님과 어른들의 끈질긴 (그리고 짜증 나는) 습관이 또 있지. 바로 '나 때는'으로 시작하는 주장이야. 잘난 체하면서 약 올리는 모습만 문제가 아니라, 너를 향한 부모님의 태도 역시 여러 가지 면에서 도움이 안 돼.

그런 말을 하는 것도 다 나이가 들어서겠지. 너도 어렸을 때가 더 좋았다고 느낄 수 있어. 여기저기 아프지도 않았고 탈모나 체중 증가처럼 나이가 들면서 겪는 스트레스가 전혀 없던 시절이니 어른들이 젊은 시절을 더 좋아하는 건 당연해. "학교 다닐 때가 제일 좋을 때"라는 주장이랑 다를 바 없는 셈이지.

대부분의 어른들은 자신의 유년기와 십대 시절이 지금보다 낫다고 기억해.

그건
어른들의 기억이
잘못된 거야!

좀 억지스럽게 들릴지도 모르겠다. 우리는 이름이나 주소를 잘못 기억하거나 어떤 배우가 어떤 영화에 출연했는지 혼동하기도 해. 아무도 자신의 기억을 100퍼센트 신뢰하지 않아. 그런데 인생 초반 20년 동안의 기억이 어떻게 틀리지 않을 수가 있겠어?

뭐라고요?!

그런데 그런 일은 쉽게 일어나.

4장과 5장에서 우리는 뇌가 어떻게 자존감을 높이는지와 뇌가 더 호감 가고 좋은 사람으로 보이도록 장점을 강조하고 단점을 슬쩍 덮는 식으로 우리의 말과 행동에 영향을 미친다는 사실을 살펴봤어.

우리의 기억에서도 이런 일이 셀 수 없이 많이 벌어져.

사람들은 잘 못 본 시험을 잘 봤다고 기억하고 동전 던지기로 선택한 일을 현명하게 결정 내렸던 일로 기억해. 또 실제로는 숨을 씩씩 몰아쉬며 뛰어다니기만 한 축구 경기에서 자신 덕분에 승리했다고 기억하지.

여기서 거짓말을 한 사람은 없어. 뇌가 정말 그랬다고 기억할 뿐이야. 실제로는 그렇지 않았지만 말이야.

뇌는 너의 성과를 과장하기 위해 기억을 바꾸고 수정하고 조정해.

성공했다고
기억하면
자신이 더 나은
사람으로 느껴지거든.

이렇게 하는 데는 한계도 분명히 존재해. 팀이 지면 자신이 결승골을 넣은 사실을 잊어버리기도 하고, 심지어 자신이 그곳에 없었다고 기억하기도 해.

더욱이 좋은 기억은 나쁜 기억보다 더 오래 지속돼. 행복한 기억을 떠올리면 행복해지잖아. 불공평했던 일을 기억하면 화가 나지. 슬픈 기억은 슬프게 하고.

감정적인 일에 관한 기억은 당시 경험한 감정을 포함하기 때문에 그 사건을 기억할 때 다시 그 감정을 경험해.

머리색이 빨간 사람을 만나면 그 사람을 떠올릴 때마다 빨간 머리가 기억날 거야.

앞서 보았듯이 감정은 기억에 있어 중요한 요소야. 너의 뇌는 중요한 정보를 포함하는지 따져 가면서 기억을 정리하지 않아. 그 기억이 아무리 유용하더라도 그래. 그 대신 뇌는 가장 자극적이고 감정적인 내용을 담은 기억을 가장 중요하다고 기록해.

자전거를 처음 탄 날, 첫 키스, 수영장에서 빠져 죽을 뻔했던 때, 반려동물의 죽음 등등, 좋든 나쁘든 모두 굉장히 감정적인 경험이야. 따라서 평생 기억에 남을 거야.

일반적인 규칙은 이래. 오래전 기억일수록 꺼낼 내용이 적어. 며칠 전이나 몇 주 전이라고? 기억이 잘 나겠지. 하지만 몇 년 전 일이라면? 세부사항을 기억해 내기는 꽤 어려울 거야.

즉, 어른들에게 어린 시절 기억들은 대부분 흐릿하거나 사라져야만 해. 그런데 실제로는 그렇지 않아. 대부분의 어른들은 어린 시절과 청소년 시절을 그 뒤에 겪은 일보다 더 잘 기억해.

과학자들은 이것을 '회고 절정'이라고 불러.

왜냐고? 우리 뇌는 감정적인 기억을 가장 중요한 것으로 분류해. 십대 시절 늘 겪는 일이 뭐지? 강렬한 감정들이야! 고통스러웠겠지만 네 기억에게는 굉장히 놀라운 일이었을 거라고.

여기에도 한계는 있어. 기억에서 감정적인 요소들은 점점 줄어들거든.

그건 껌을 씹는 일과 비슷해. 처음 입에 넣었을 때는 상큼하고 향도 생생하지만 곧 다 빠져나가 버리고 결국 희미한 향이 나는 덩어리만 남아. 이와 비슷하게 너의 기억은 사라지지 않지만 감정적인 풍미는 시간이 흐르면서 휘발되어 버려.

흥미롭게도 나쁜 감정의 기억은 좋은 감정의 기억보다 더 빨리 사라져. 좋은 기억이 담긴 껌은 더 오래 씹을 테고 향도 계속 나겠지.

오래된 기억일수록 최근 것보다 더 행복하고 긍정적이라는 의미이기도 해. 부정적인 기억은 시간과 함께 사라지기 때문이지.

종합하자면 부모님은 유년기와 청소년기의 기억을 어른이 되고 나서의 기억보다 훨씬 잘 떠올려. 그런 기억들은 행복하고 긍정적인 경우가 많겠지!

하지만 기억날 거야. 우리는 긍정적인 부분에만 집중하고 부정적인 부분은 무시하다가 불쾌한 결과를 낳는 사례를 본 적 있어. 예를 들어 모두가 행복한 모습만 전시하는 소셜 미디어는 오히려 자존감을 무너뜨릴 수 있어. 이건 어린 시절의 좋았던 기억만 생각하는 경우와 매우 비슷해.

부모님들은 요즘 아이들이 밖에서 충분히 뛰어놀지 않는다고 불평해. 스마트폰과 전자 기기를 들여다보면서 집에만 틀어박혀 있으니까. 이런 모습을 익살스럽게 표현한 '밈'도 있잖아!✨

분명히 부모님은 어렸을 때 밤낮으로 밖에 나가 놀았지만 현대의 게으른 아이들은 전자 기기를 꿰차고 집 안에만 있어. 이것 때문에 부모님은 더 유리한 상황이지.

자, 확실히 하자고.
이건 말도 안 돼.

부모님이 어린 시절 주로 밖에서 놀았던 까닭이 자기 훈련이 잘 되어서 건강한 태도를 가졌기 때문일까? 아니! 그분들에게는 스마트폰이 없었어. 당시에는 발명되지도 않았으니까! 만약 부모님에게 스마트폰이 있었다면 보나마나 푹 빠졌을 거야.

존재하지도 않는 것을 피했다면서 우월한 척 행동하면 안 되지! 그건 아직 만들어지지도 않은 케이크를 안 먹었다면서 칭찬해 달라는 것과 마찬가지잖아.

이처럼 어린 시절의 추억을 초긍정적으로 포장하는 일은 단지 시간과 행운의 결과였던 기억을 어른들의 노력으로 이뤄 낸 진정한 성취였다고 착각한다는 뜻이야.

이런 상황은 "학교 다닐 때가 제일 좋은 때"라고 말하면서 십대를 보내는 네가 얼마나 힘든지 전혀 이해하려 하지 않는 이유를 설명해 줘. 부모님도 분명 같은 일을 경험했을 텐데 말이야. 부모님의 뇌는 그 시절의 기억을 꺼내서 모든 결점을 포토샵으로 손보듯 보정하고 밝기를 조정하고 몇 가지 필터를 입힌 뒤 이렇게 말하겠지.

☆ 그래, 아이들이 온라인에서 너무 많은 시간을 보낸다면서 부모님들이 온라인에 올리는 그림이나 영상 말이야. 가만, 여기에도 문제가 있는 거 아니야?

"맞아. 나 때는 틀림없이 이랬어."

또 세대마다 음악적 취향이 다른 까닭 역시 이걸로 설명돼. 네가 십대 시절 들은 음악을 그 이후에도 계속 좋아할 거라고 여러 연구들이 증명했거든!

음악은 뇌에 다양한 영향을 끼쳐. 자극적이고 강렬한 감정 경험을 선사하잖아. 십대의 뇌는 음악을 받아들이는 데 적극적이어서 청소년기에 접한 음악은 평생 함께할 거야. 반면 그 이후에 접하는 음악들에게서는 같은 감동을 얻지 못해. 그런 탓에 다양한 연령대의 사람들이 각각 진정한 음악이 무엇인지를 두고 끊임없이 언쟁을 벌이지.

부모님이 청소년이었던 시절의 음악만 뭔가 특별했을 가능성은 거의 없어. 오히려 부모님이 특별했다는 편이 맞을 거야. 부모님도 십대였으니까. 너처럼 말이야.

부모님이 젊었을 때라고 상황이 더 좋지는 않았겠지만 그분들의 뇌는 당시의 기억을 장밋빛으로 물들였을 거야. 그런데 자신들의 어린 시절이 훨씬 우월했다면서 네 인생에 대해 이러쿵저러쿵 비판한다고? 그건 꿈에서 상대방의 날씬한 모습을 봤다면서 과체중이라고 비난하는 일과 다를 바 없어.

이런 경향은 어른들이 젊은 시절 얻은 정보와 경험에 가치를 두고 지나치게 의존한다는 뜻이기도 해. 물론 그런 건 좋지 않지.

"어른들의 의견을 항상 존중해야 하나요?"

이 문제야말로 네가 십대이기 때문에 자주 겪는 일이니만큼 매우 못마땅할 거야.

네가 부모님(혹은 어떤 어른)의 의견에 동의하지 못하겠다고 해 보자. 너는 억만장자들이 13번째 황금 요트를 사는 일보다 가난한 사람들이 음식을 먹도록 돕는 데 돈을 쓰는 편이 마땅하다고 생각할 거야. 또는 학교에서 누군가가 '여자'로 불리고 싶은지, '남자'로 불리고 싶은지 스스로 결정하도록 허용해야 한다고 생각할지도 몰라. 혹은 우리가 살고 있는 유일한 행성인 지구를 돌보기 위해 노력을 아끼지 말아야 한다고 주장할 수도 있지. 뭐든 좋아.

네 주장에 부모님은 동의하지 않을 수 있어. 자신들이 옳다는 것을 이성과 논리로 설득하기보다 나이가 많다는 점만 강조하면서 말이지. 그러면 자동으로 옳아 보이거든.

만약 부모님이 권위적인 편이라면 "나이 들면 다 이해하게 될 거다"라는 식의 고전적인 방법으로 응수할 거야. 그러면 네가 '나이 들기' 전 20년가량은 다시 똑같은 언쟁에 휘말릴 일이 없을 테고 너는 할 수 있는 일이 없겠지.

어떤 부모님은 좀 더 공격적인 자세를 취하면서 "어른을 공경해야 한다"라고 주장할 수도 있어. 너는 어리고 아무것도 모르기 때문에 '자신의 분수를 알아야' 하는 존재라는 뜻이지.

다시 말하지만, 그 말은 완전히 틀렸어.

더 오래 살았다는 이유로 저절로 많은 것을 알게 되는 사람은 없어. 뇌는 공기 중에 있는 정보를 그냥 흡수하지 않아. 지식을 얻기 위해서는 공부를 해야 하지.

너는 도서관에서 한 달 동안 책을 대출해서 한 글자도 읽지 않았는데, 다른 누군가는 같은 책을 일주일 동안 대출해서 처음부터 끝까지 다 읽었어. 둘 중 누가 그 책의 내용을 더 잘 알까?

어른들은 잘못된 정보에 과하게 집착하는 경향이 있어. 나이가 들

면 자신의 의견이 당연히 '더 옳을 것이다'라고 생각하는 것만 봐도 그렇지.✿

5장에서 이런 현상에 대해 살펴봤어. 일반적으로 인간의 뇌는 잘못되었다는 사실을 인정하거나 마음을 바꾸는 데 인색해. 즉, 우리와 의견이 같은 것은 (아무리 우스꽝스러워도) 무엇이든 믿으려는 경향이 있지만, 우리와 의견이 다른 것은 (아무리 합당하더라도) 의심하는 경향이 있어.

단점이 명백하지 않은 생각이나 논쟁이 제시되면 우리는 그것을 손상시킬 이유를 찾아내려 해. 그래서 너와 의견이 다른 사람이 너보다 어리다면 '어딘가 어설프거나 틀린 면이 있을 거야. 나보다 많이 알 정도로 나이를 먹지 않았잖아. 저 의견은 못 받아들이겠다'라고 생각하는 거지.

고급스러운 표현으로 이런 걸 '인신공격'의 오류라고 해.

"네 주장이 왜 틀렸는지 설명 못 하겠지만 네가 '틀려먹은' 사람이라는 점은 분명해"라고 말하는 사람들이 있어.

혹시 네 부모님이 그러실지도 모르겠다. 다만 지나치게 공격적이거나 노골적이지 않고 일부러 그러는 것도 아닐 거야. 이런 일들은 우리가 의식하지 못하는 새에, 즉 의식의 저변에서 자주 발생하거든.

부모님은 세세한 부분까지 오랫동안 토론할 인내심이나 에너지가

✿ 물론 절대 그렇지 않아.

부족한 경우가 많아. 그래서 언쟁을 빨리 끝내려고(시간을 절약하려고) 나이를 핑계 삼을 수도 있어.

이유가 뭐든지, 너와 의견 차이가 있을 때에도 (또는 특히 그럴 때만 큼은) 부모님이 기존의 견해와 의견을 바꿀 가능성은 매우 낮아.

이런 식의 고집스러운 처리 방식은 여러 가지 문제를 낳아. 어른들은 어린 시절과 청소년기에 대부분의 지식을 습득했어. 하지만 세상은 그때 이후로도 계속 발전해 왔어. 새로운 물건이 등장하고 새로운 정보가 생산되고 있지.

그래서
(힘과 통제력을 가진) 어른들은
수십 년 뒤떨어진
생각과 관점에 매달리는 거야.

십대에게는 해당되지 않는 이야기지. 너의 유연한 뇌는 당면한 일들을 계속 해결하는 중이기 때문에 최신 아이디어와 발견들을 어렵지 않게 받아들여. 또 안전하고 친숙한 것에 본능적으로 반감을 느끼기 때문에 부모님이 좋아하지 않거나 동의하지 않는 것에 오히려 더 끌리기도 해.

이런 성향은 '갈등'을 빚어.

성별을 예로 들어 볼게. 현대의 대다수 어른들은 동성애나 양성애에 관해 최소한 인지하고는 있어. 하지만 폴리아모리, 즉 다자간 연애에 대해서는 어떻게 생각할까? 무성애는? 성별을 구분 짓지 않고 사랑하는 범성애는 어떨까?

젊은 사람들도 그런 용어를 이해하거나 받아들이는 데 어려움을 겪기도 해. 어른들은 대부분 '최근'에 추가된 성적 스펙트럼을 접하면 당혹감을 감추지 못해. 노인들은 이성애만이 규범으로 정해진 환경에서 자랐거든. (따라서 남성은 여성을, 여성은 남성을 좋아해야 한다고 배웠겠지.) 당시에는 규범과 다르면 잘못된 것이었어. 여전히 많은 사람들에게 그 규범은 그대로야.

그 사람들은 나이가 들었을까? 맞아. 그 사람들은 옳을까? 글쎄.

해부학적으로 지정된 성별을 거부하거나, 대안적 성별로 자신의 성 정체성을 정의할 권리는 최근 뜨거운 쟁점으로 부각되었는데, 젊은 사람들은 나이 든 사람들보다 그런 문제를 좀 더 잘 받아들이는 경향이 있어.

경제적 측면도 마찬가지야. 언론 기사는 젊은 사람들이 제대로 소비를 하지 않는다고 비판해. 반면 젊은 사람들은 낮은 임금과 학자금 대출 때문에 그런 데 돈을 쓸 여유가 없다고 주장하지.☆

나이 든 세대와 젊은 세대 간에 의견 차이를 보이는 경우는 아주

☆ (젊은 층의 소비를 비판하는 기사를 작성한) 나이 든 세대의 사람들은 흥미롭게도 젊은이들이 주장하는 문제는 다루지 않아.

많아. 지금 젊은이들의 삶에 관해 어른들은 자신들이 젊었을 때는 일반적이었지만 이제는 구식이 되어 버린 원칙과 생각만을 고수하기 때문이지.

이런 현상은 시대에 뒤떨어지고 심지어 해롭기까지 한 관념이 필요 이상으로 길게 지속될 수 있다는 점을 보여 줘. 앞서 말했듯이 세상 돌아가는 일에 대한 우리의 이해와 믿음이 유년기와 청소년기를 지나는 동안 형성된다면, 대부분 부모님의 영향을 받았을 거야.

예를 들어, 부모님이 개는 전부 위험하다고 믿는다면 너에게도 그렇게 말하면서 개에게 가까이 가지 못하도록 할 거야. 그러면 너는 그렇지 않다는 사실을 배울 기회를 얻지 못하겠지. 그 결과 너는 개들은 모두 위험하다고 굳게 믿으면서 자랄 거야.

실제로는 위험하지 않은 개도 많은데 말이야.

관념은 생각보다 쉽게 대대로 전해져. 옳은지 그른지는 상관없어!

이건 잘못된 일이지.

"그럼 많은 어른들이
틀릴 수도 있나요?"

부모님은 대부분 일반적인 방식으로 세상을 바라보고 사물을 이해해. 그리고 주변의 수많은 어른들과 비슷한 의견을 공유하지.

많은 사람들이 받아들였고 확실히 자리 잡았다고 해서 그 의견이 옳은 것은 아니야. 수십 년 동안 노예제를 당연하게 여겼고, 여성은 투표할 수 없었고, 화석 연료를 태우며 매연을 내뿜는 자동차를 멋지고 굉장하다고 생각했어. 하지만 현대 사회에서는 그렇지 않지.

어른들이 당연하게 받아들이는 일이 너에게는 해로울 수도 있어. 그런 어른들에게 이의를 제기하는 일은 필요해.

예를 들어, 소녀들은 소년들보다 정신 건강상의 문제를 더 많이 겪는데, 거기엔 소녀들이 견뎌야 하는 기대와 압박감이 한몫을 해.

젊은 여성들은 아름답고 날씬하고 완벽해야 하고 그렇지 않으면 실패한 인생이라는 메시지를 주입받아.

TV 쇼, 영화, 잡지, 광고, 소셜 네트워크에는 잡티 하나 없는 피부에 군살이라고는 찾아볼 수 없는 완벽한 여성의 사진이 넘쳐나.

사진 속의 부유하고 유명한 여성들이 스타일리스트와 메이크업 아티스트와 개인 트레이너를 고용해서 멋진 모습을 연출한다는 점은 언급되지 않아. 포토샵으로 사진을 다듬어서 이 세상에 존재하지 않는 수준으로 만들어 버리기까지 해.

그런 이미지는 수많은 매체들에 버젓이 전시돼. 그런 모습이 되라는 메시지를 보내는 거지. 하지만 대다수의 젊은 여성들은 절대 그 기준을 따를 수 없어. 이미지 속의 여성은 실제로 존재하지 않으니까. 그러니 젊은 여성들은 무의식중에 본래의 모습대로 살아가는 것을 실패라고 느낄 가능성이 높아.

여성의 행동 역시 현미경 아래 놓여 관찰 대상이 돼. 젊은 여성들은 자신감을 가지라는 말을 들으면서 동시에 잘난 체한다고 비난을 받아. 섹시해 보여야 한다는 압박을 받으면서 '천박'하거나 '저급'하다고 손가락질 당하기도 하지.

1.5km를 3분에 뛰는 올림픽 선수가 있다고 생각해 봐. 정말 놀라운 기록이지. 그런데 상을 주거나 축하하는 대신, 자신이 세운 기록만큼 빨리 뛰지 못할 때마다 사람들과 동료들이 비웃고 욕을 하는 거야.

현대 사회가 젊은 여성을 대하는 방식이 그래. 자존감, 인정, 스트레스가 정신 건강의 핵심이라는 점을 생각할 때, 십대 소녀들은 정신 건강상의 문제를 겪을 수밖에 없어.

그렇다면 이런 압박과 기대는 어디서 오는 걸까? 그건 전혀 자연스럽지 않고 절대 존재해서도 안 돼. 하지만 그런 통념은 우리가 살고 있는 세상에 널리 퍼져 있어. 그걸 만들고 통제하는 건 어른들이지.

바로 너의 부모님 같은 사람들 말이야.

부모님이 의도적으로 뭔가를 했다는 뜻은 아니야. 오히려 부모님도 자라는 동안 똑같은 압박을 받았어. 부모님 역시 그런 과정을 겪으며 잘못된 통념을 내면화했어. 즉, 부모님이 세상을 이해하고 받아들이는 방식으로 잘못된 생각이 굳어 버린 거야. 부모님과 주변의 수많은 어른들이 같은 방식으로 세상을 바라보고 있다면 거기서 어떻게 의문을 품을 수 있겠어?

어른들이 무심결에 불가능한 이상을 소녀들에게 전달하고 자신이 어린 시절 겪은 것과 똑같은 압박을 가하게 되는 건 그래서야.

대부분의 여자아이들은
어렸을 때부터 공주 이미지에
둘러싸여 있어.
공주 인형에 공주 책과
공주 영화를 보고 '공주님'이라고
불리기까지 하지.
그러다가 결국
공주가 되고 싶어 해.

여기서 공주란 어떤 존재일까? 모든 것을 가졌지만 그것을 위해 아무엇도 하지 않는 소녀?

그렇다면 공주는 어떻게 해야 될 수 있을까? (가능성이 거의 없지만) 왕자와 결혼하지 않는다면, 공주로 태어나야 해. 그러니 진짜 공주가 아니라면 이미 실패한 인생이야! 소녀들이 자존감 문제로 고생하는 이런 현실에 의문이 들지 않니?

젊은 남성들도 힘들긴 마찬가지야. 남성들은 여성들과는 다른 기대 속에서 다른 현실을 마주해. 젊은 남성은 '남자다움'이라는 엄청난 사회적 압박을 받아. 세상은 남자라면 '강인'하고, '힘이 세'고 '남자다워'야 한다고 주문하지.

여기서 힘이 세다는 건 단순히 '무거운 것을 들어 올릴 수 있다'는 의미가 아니야. 감정을 드러내지 말라는 뜻이지. 울면 안 된다, 슬퍼해도 안 된다, 속상해해서도 안 된다, 약한 모습이나 섬세한 모습을 보여서도 안 된다. 그런 건 '여자들이나 하는 짓'이니까.

남자들 역시 자존감, 인정, 스트레스에 관한 문제 앞에서 어려움을 겪어. 젊은 남성에게 강하고 자신만만하고 군림해야 한다면서 그 밖의 다른 것은 중요하지 않다고 말하는 건 정말 최악이야. 항상 그런 모습으로 살 수는 없잖아.

1.5km를 항상 3분 안에 뛰어야만 하는 선수 기억나지?

모두가 그래서는 안 된다고 할 때 남자가 감정을 드러내고 약한 모습을 보이는 일도 그와 비슷해. 남자가 인정받기를 원한다면 어떨까? 감정을 억누르고 강한 척해야 해. 그러니 엄청나게 힘들겠지. 그런데 이상하게도 사람들은 그 사실을 전혀 눈치채지 못해.

남성도 여성만큼이나 감정적이야. 뇌가 작동하는 방식이 그래. 안타깝게도 남성에게 허락된 유일한 감정은 분노뿐이지. 바로 그 '남자답다'라고 하는 것들 때문에 갈등이 발생하고 싸움이 벌어져.

감정을 억누르거나 부정하면 정신 건강을 해치고, 적절한 도움을 받지 못하면 건강이 더 악화되어서 다루기 어려워져.

그러니 '남성다움'이라는 통념은 십대 남자 청소년의 정신 건강에 무척 해로워.

앞에서도 이야기했지만 정신 건강상의 문제는 젊은 여성들이 훨씬 많이 경험한다고 해. 여성이 떠안고 살아가야 하는 기대가 훨씬 많은 데다 대부분은 실현 불가능하기 때문이지. 약한 모습을 보이는 것이 남자답지 못하다고 생각하는 사람이라면 정신 건강상의 문제를 인정하지 못할 가능성도 커. 어쩌면 자신이 문제를 겪고 있다는 사실을 부정할지도 몰라.

하지만 부정한다고 존재하지 않는다는 뜻은 아니야! 한국에서 십대부터 삼십대 남성 사망 원인 중 자살이 가장 높다는 통계 자료는 남성들이 알게 모르게 어려움을 겪고 있다는 사실을 보여 줘. '남자다움'

이라는 터무니없는 기대가 가장 시급한 상황에서 도움을 구하지 못하게 막고 있는 거야.

그런 기대는 어디서 시작되었을까? 대부분 어른들과 사회가 만들어 냈어. 거기에는 부모님도 포함되어 있지.

만약 네가
"남자답게 행동해!"
라는 말이
"감정 따위는 드러내지 마!"
라는 뜻으로 사용되는
세상을 만들어 낸다면
결과는
각오해야 할 거야.

남자와 여자가 각각 어떻게 생각하고 행동해야 하는지를 기대하고 요구하고 규정짓는 태도는 옳지 않고, 비현실적이고, 불가능하며, 해롭다는 사실을 우리는 알고 있어. 그럼에도 세상은 달라질 생각이 없는 것 같아 보여.

다른 것들과 마찬가지로 이런 통념을 유지하고 물려주는 건 어른들과 그들의 융통성 없는 뇌야. 어른들도 고의로 잘못을 저지르지는 않았으니 무죄지. 그런 통념들은 그분들이 자라는 동안 주입받은 '이상'일 뿐이니까. 그래서 세상과 그 안에서 살아가는 사람들은 이러저러해야 한다고 자신이 이해한 바를 전했겠지.

어른들도 이미 충분히 힘든 상황이야. 하지만 부모 노릇을 하는 동안에는 생각이나 마음먹은 바를 바꾸기가 쉽지 않아. 자녀를 지도하려면 체계를 갖추고 규칙을 정해야 하거든. 이미 알고 있는 것들을 자꾸 곱씹어 생각하고 의심하면 일을 제대로 해내기가 어려워. 게다가 뭐 하나라도 잘못되면 자녀에게 해를 끼칠 수도 있어.

좋은 뜻에서였지만, 어쩌다 보니 부모님은 네 삶을 더 힘들게 하고 있어.

부모님은 네가 유튜버가 되겠다는 식의 '잘못된' 선택을 하지 않도록 보호하기 위해서라고 말해. 네 꿈을 유치하고 무의미한데다 부끄럽다고 생각하기 때문이야. 부모님은 네가 시간 낭비하거나 실망하지 않길 바란다고 할 거야. 그러면서 널 비난하고 비웃기까지 해. 부모님의 그런 반응 탓에 너는 스스로의 모습을 좋아하기 힘들어.

부모님은 유튜버에 관한 자신의 생각이 끔찍할 정도로 구식이라는 사실을 전혀 알지 못해. 또 자신들이 네 나이였을 때 TV에서 보고 들은 무의미한 헛소리도 문제될 것 하나 없다고 생각하지. TV는 부모님에게 큰 영향을 주지 않았거든.

부모님의 믿음은 대부분 타당해. 여러 해 동안 경험한 결과이기 때문에 자신들이 믿는 바가 완전히 옳다고 확신하는 거야. 하지만 그럼에도 문제가 있어.

그건 너의 십대 시절이 중요한 또 다른 이유야. 청소년기는 부모님으로부터 '독립'을 준비하는 때야. 그 말은 부모님의 기대와 확신으로부터 독립한다는 의미이기도 해.

새롭고 낯선 것에 끌리고, 익숙하고 진부한 것은 피하고 싶을 거야.

즉, 너는 부모님의 관점이나 기대를 거부하고 싶은 마음이 들 거야. 부모님은 너의 그런 변화에 스트레스를 받겠지만, 그분들의 생각이 시대에 뒤떨어지고 정확하지도 않으며 해롭다면 거부하는 것이 마땅해.

어른들도 이해하는 바를 바꿔 보려 애쓰지만 세상 돌아가는 방식을 결정하는 이들 또한 어른이기 때문에, 도움도 되지 않고 해롭기만 한 관점은 쉽게 변하지 않아. 만약 십대인 네가 추진력과 융통성을 발휘해서 그런 관념을 떨쳐 버린다면, 네가 어른이 되었을 때 세상은 조금이라도 바뀌어 있을 거야.

너와 같은 십대가 세상을 더 좋은 곳으로 바꿀 수 있어.

문제

중요하고 절대 포기할 수 없는 문제를 두고 부모님과 의견 차이가 생겼다. 부모님은 나이도 많고 현명하고 경험이 풍부하다는 점을 내세우면서 자신이 옳다고 주장한다. 하지만 부모님의 사고방식은 시대에 한참 뒤처졌다. 너로서는 그 점을 대놓고 지적하긴 어렵다. 부모님은 그런 (잘못된) 의견을 네가 이해하고 받아들이길 원한다.

결과

부모님과의 불화는 바람직하지 않다. 그렇다고 언쟁을 피하려고 부모님의 (잘못된) 관점을 억지로 받아들여 따르는 것도 좋은 방법이 아니다. 마음에 들지도 않고 동의하기도 힘든 이상과 기대에 자신을 억지로 끼워 맞추는 일은 무척 고통스러울 뿐만 아니라 엄청난 스트레스를 만들어 낸다.

부모님의 생각을 바꾸는 일은 어렵겠지만, 부모님의 잘못된 견해를 문제 삼지 않고 넘어가면 그분들도 바뀔 기회를 잃는다.

1. 어떤 이유에서든 너와 부모님 사이에 의견 충돌이 일어 났다면, 그 주제나 문제에 집착하지 않는 편이 좋다. 차 라리 다른 방법으로 접근해 보자.

예를 들어 네 복장을 두고 부모님과 언쟁을 벌였다면, 네가 동의할 만한 일로 화제를 전환해 보자. 네 또래에 게 '인정받는' 옷차림으로는 합의를 보기 어렵겠지만, 가 족 행사에서 만난 친척의 차림새가 우스꽝스러워 보였 다는 이야기로 의견 일치를 볼 수 있다. 아니면 모두가 좋아했던 옷으로 타협할 수도 있다. 그렇게 실마리를 풀 어 가 보자.

2. 부모님과 네 의견이 팽팽하게 대립할 때는 융통성을 발 휘해 보자.

언쟁을 하는 동안 (단순한 분노나 답답함이 아닌) 다 양한 감정을 표현하는 능력은 건강하고 안정된 유대감 을 맺고 있다는 증거다. 물론 부모님의 의견이 완전히 틀렸을 가능성도 있다. 그럴 땐 네가 인정할 수 없는 여 러 문제 중 하나일 뿐이라고 생각하면 감정을 누그러뜨리는 데 도움이 된다.

화가 많이 나거나 속상할 때는 언쟁을 벌이는 내용 외에 다른 곳으로 주의를 돌리기 어렵겠지만 한번 노력해볼 필요는 있다. 아주 중요한 문제여서 다음에 다시 이야기를 꺼내야 할 수도 있다. 부모님이 틀렸는데 고집을 꺾지 않는 경우라면 다시 이야기할 기회를 반드시 만들어야 한다.

네가 어렸을 때 부모님은 네가 사는 세상의 지배자였어. 모든 것을 알고 뭐든 할 수 있는 사람이었지.

십대가 된 지금, 너는 부모님이 그렇지 않다는 사실을 깨달았을 거야. 그건 너를 둘러싼 관계가 계속해서 변한다는 뜻이기도 해.

부모님이 한때 전지전능해 보였다 해도, 실제로는 그런 존재가 아니야. 그냥 너와 같은 사람이지.

가끔 문제를 필요 이상으로 힘들게 만드는 실수투성이 뇌를 가진 인간일 뿐이야.

사랑받고 싶어 하고,

성공하고 싶은 사람,

자신들에게 중요한 사람들을 아끼고,

매일 눈앞에 펼쳐지는 인생의 고난과 스트레스와 씨름하고,

자신의 단점과 여러 문제를 끌어안은 채 최선을 다해 세상을 헤쳐나가고,

자신의 부모님과 똑같은 일들을 겪은 사람이지.

그런 사람이야 부모님은….

너랑
다를 바 없어.

마지막으로
전하고 싶은 말_
최종

내가 이 책을 쓴 건 십대들이 부모 혹은 양육자와의 공통점을 찾을 수 있게 돕고 싶어서야. 네가 이 책을 통해 공통점을 찾을 수 있다면 이 책은 제 역할을 한 걸 거야.

정신 건강상의 문제가 있을지도 모른다고 생각하는 사람이 있다면, 혼자서만 끙끙대지 말고 의사 선생님이나 학교의 상담 선생님 같은 전문가와 이야기를 해 보면 좋겠어.

그리고 아래에 정리해 둔 기관들을 기억하고 필요할 때 도움을 받아 봐.

⇨ **탁틴내일 (아동·청소년성폭력상담소)**

www.tacteen.net

청소년 인권이 보장되는 사회 환경을 조성하며 청소년들이 스스로 삶을 이끌어 갈 수 있는 장을 마련할 수 있도록 돕는 단체로 청소년 성상담 및 성교육 활동, 청소년 문화사업, 학교 폭력예방활동, 우리 농산물 학교급식운동, 청소년자원봉사활동 등을 진행하고 있다.

전화 : 02-3141-6191

⇨ 청소년 사이버상담센터

www.cyber1388.kr

청소년의 일상적인 고민 상담부터 가족 내 갈등, 가출, 인터넷, 여러 위기 상황에 대해 게시판과 채팅을 이용해 상담서비스를 제공한다.

휴대폰 : 지역번호+1388 (또는 110)

문자상담 : 1388

⇨ 서울시청소년상담복지센터

www.teen1318.or.kr

서울 지역의 도움이 필요한 청소년들에게 상담·긴급구조, 자활지원, 교육 등의 전문적인 상담복지서비스를 제공하여 건강한 성장을 돕는다.

휴대폰 : 지역번호+1388

⇨ 푸른나무재단 (청소년폭력예방재단)

www.btf.or.kr

UN경제사회이사회에서 특별협의지위를 부여받은 청소년 비영리공익법인(NGO)으로, 청소년이 희망을 꿈꾸는 행복하고 평화로운 세상을 만들기 위해 학교폭력 휴대폰 상담, 인터넷 상담, 개인 및 집단 상담 등의 서비스를 제공한다.

전화 : 1588-9128

⇨ 스마트쉼센터

www.iapc.or.kr

인터넷·스마트폰 과의존으로 어려움을 겪는 이들을 위해 인터넷·스마트폰 중독 예방, 진단, 상담서비스를 제공한다.

전화 : 1599-0075

⇨ 안전 Dream

www.safe182.go.kr

학교폭력 예방교육 및 전화·문자 상담서비스를 제공한다.

일반전화 : 117

휴대폰 문자신고 : #0117

⇨ 한국아동청소년심리상담센터

www.kccp.kr

적응과 정서적, 발달적 문제로 어려움을 겪는 아동청소년·가족에게 구체적이고 전문적인 상담서비스를 제공한다.

전화 : 02-511-5080

⇨ 한국마약퇴치운동본부

www.drugfree.or.kr

마약·약물남용의 유혹에서 자신을 지켜나갈 수 있도록 상담, 치료 및 재활안내서비스를 제공한다.

전화 : 1899-0893

마지막으로
전하고 싶은 말_
진짜 최종

이 책에서 다룬 모든 갈등과 어려움과 스트레스는 한마디로 '성장통'이라고 볼 수 있어. 한동안은 너의 뇌를 좌지우지하겠지만 필요한 업데이트를 마치고 나면 잦아들 거야. 그때부터 뇌가 완벽하게 작동할 거라고 장담할 수는 없지만 아무리 힘든 일을 겪는다 해도 너는 잘 헤쳐 나갈 거야.

너의 두개골 안에 있는 그것 덕분이겠지? 주름이 자글자글하고 뭉글뭉글한 회색 덩어리는 우주를 통틀어 가장 복잡하고 흥미로운 존재지. 그 덕분에 매우 짜증스러울 때도 있긴 하지만 말이야.

아껴 가면서 살살 다뤄야 해.

정말 독특하고 특별하거든.

뇌는 바로 너야. 소중하게 다루면서 사이좋게 지내길!